생각 중독자를 위한
관계 수업

Social Skills for the Overthinker:
Beat Self-Sabotage, Escape Your Comfort Zone,
and Get Out Of Your Head

Copyright ⓒ 2023 by Nick Trenton
Korean translation rights arranged with PKCS Mind Inc.
through TLL Literary Agency and BC Agency
All rights reserved.
No part of this publication may be used or reproduced in any form or
by any means without written permission except in the case of brief
quotations embodied in critical articles or reviews.
Korean Translation Copyright ⓒ 2025 by Chungrim Publishing Co., Ltd.

이 책의 한국어판 저작권은 BC에이전시를 통해
저작권자와 독점계약한 청림출판㈜에 있습니다.
저작권법에 의해 보호를 받는 저작물이므로 무단 전재와 복제를 금합니다.

복잡한 인간관계를 풀어주는 생각 정리 솔루션

생각 중독자를 위한 관계 수업

닉 트렌턴 지음 | 신솔잎 옮김

Social skills for the over thinker

청림출판

한 그루의 나무가 모여 푸른 숲을 이루듯이
청림의 책들은 삶을 풍요롭게 합니다.

(한국어판 특별 서문)

한국 독자 여러분, **안녕하세요!**

《생각 중독자를 위한 관계 수업》이 이렇듯 독자 여러분을 만나게 된 것을 대단히 기쁘고 영광스럽게 생각합니다. 이 책을 집필하는 과정은 제 개인의 여정이기도 했습니다. 머릿속이 마라톤을 달리듯 바쁘게 돌아가는 동안 사회적 상호작용이라는 대체로 거친 너울을 헤쳐나가며 느꼈던 제 개인의 경험 그리고 다른 이들과 나눈 수많은 대화를 바탕으로 탄생한 책입니다. 다채로운 문화와 끈끈한 유대감으로 이루어진 한국의 독자들이 제 이야기에 공감할지도 모른다니 가슴이 두근거립니다.

누군가와 간단한 대화라도 나누려고 할 때 머릿속이 수많은 탭을 띄워놓은 인터넷 창처럼 느껴진 적은 없나요? 머릿속으로 대화를 거듭 재생하며 말 한마디 한마디를, 잠시 말이 멈췄던 공백들을 일일이 복기하고 혹시라도 자신이 무슨 말을 잘못하지는 않았는지 고민했던 적은요? 누군가와 유대감을 느끼고 싶다는 마음은 간절하지만 어색한 상황이나 타인의 평가가 두려워서 또는 사소한 실수를 저지를까 봐 두려워서 주저했던 적이 있나요? 그리 낯설지 않은 이야기라면 이 사실을 명심하길 바랍니다. 그런 사람이 당신만은 아니라는 것을요. 무엇보다, *당신이 어딘가 잘못된 것도 아니라는 것을요.*

이 책은 생각이 많은 사람들, 분석하는 사람들, 주변 상황을 세심하게 느끼고 한 번씩 복잡하게 얽힌 자신의 머릿속 그물에 발이 묶이는 사람들, 바로 우리를 위한 책입니다. 지나치게 생각을 많이 하는 성향 때문에 또는 생각 과잉에 동반한 불안으로 너무도 오랫동안 사회적 자신감과 카리스마를 잃은 사람들이 많습니다. 별다른 노력 없이도 물 흐르듯 대화하는 사람들을 보며 우리는 저렇게 하지 못할 거라고 생각합니다. 머릿속이 너무도… 바쁘니까요.

하지만 그런 생각이 사실이 아니라면요? 생각이 깊고, 관찰력이 좋은 성향이, 어쩌면 약간의 불안한 성향도 사실 우리를 가로막는 걸림돌이 아니었다면요? 나와는 전혀 다른 누군가가 되기 위해 노력하는 대신 우리의 이러한 성향을 잘 조정할 수 있다면,

우리의 특별한 사고 회로의 방향을 틀어 진정한 관계를 쌓아나갈 수 있다면 어떨까요?

이것이 이 책의 핵심입니다. 하룻밤 새 불안을 마법처럼 없애거나 어느 곳에서든 가장 큰 목소리로 자신의 의견을 밝히는 사람으로 변신시키는 이야기가 아닙니다. 이 책의 목표는 사회적 상호작용의 역학을 이해하고, 실용적이고도 실제적인 기술들을 배우고, 당신의 사고방식을 바꿔 카리스마란 완벽함에서 나오는 것이 아님을, 진정성과 공감, 타인을 편안하게 해주는 능력에서 나온다는 사실을 깨닫게 하는 데 있습니다. 바로, 생각 중독자들이 의식하지 못할 때가 많지만, 놀라울 정도로 잘하는 것들이죠.

이 책을 읽으며 당신은 구체적인 전략들을 배우게 될 것입니다. 머릿속이 백지처럼 하얗게 되었을 때도 대화를 시작하는 (그리고 이어가는!) 법, 어쩔 수 없이 생기는 어색한 침묵에 대처하는 법, 상대방에게 내가 진정으로 공감하고 있다는 인상을 전하도록 능동적으로 경청하는 법, 사회적 에너지가 소진되지 않도록 관리하는 법, 당신이 편안함을 느끼는 관계를 타인과 형성하는 법을 말입니다. 내면의 비평가를 조용히 시키는 방법을, 그리하여 당신의 진정한 자아가 빛을 발하는 법을 배우게 될 것입니다.

이 책이 엄격한 안내서보다는 당신의 곁에서 격려와 실질적인 방법을 전해주는 따뜻한 친구의 목소리처럼 느껴지길 바랍니다.

이 책에는 사회적 환경에서 조금 더 편안함을 느낄 수 있으면서 실행 가능한 작은 단계들이 담겨있고, 이를 통해 당신이 마땅히 경험해야 할 의미 있는 연결감을 쌓아나갈 수 있을 것입니다.

이 책을 선택해 줘서 고맙습니다. 이 여정에 마음을 열고 함께 해 줘서 감사합니다. 이 책을 읽고 사회적 편안함과 자신감을 찾게 될 당신의 모습을 떠올리니 가슴이 벅차오릅니다. 생각이 아무리 많은 사람이라도 충분히 가능한 일입니다.

사람들과 의미 있는 관계를 쌓고 보람찬 대화를 나눌 수 있기를 바랍니다.

파이팅!

감사한 마음을 전하며.

"타인과 편안하게 어울리는 법을 배운다는 것은
인간관계에 자리한 놀라운 기호의 세상을
열린 태도로 맞이한다는 의미다."

차례

한국어판 특별 서문   005

1장   생각 중독자의 머릿속에서 벌어지는 일
반추: 혼자만의 생각을 곱씹고 되새기는 경향성   015
스포트라이트 효과: 사람들이 지켜보고 있다는 왜곡   027
일반화: 한정된 데이터에 기반한 자동반사적인 추론   039

2장   나만의 복잡한 머릿속에서 벗어나는 방법
호기심을 발동한다   055
반대로 행동한다   067
내면의 비평가에게 도전한다   077

3장   변화가 시작되는 세 가지 마음의 기술

시각화로 내면 다스리기   095
역할극으로 부정적 신념 바꾸기   104
무작위적 선행으로 긍정적 유대감 쌓기   113

4장   편안한 관계를 만드는 네 가지 행동 전략

생각 과잉과 싸우지 않는다   129
노출 치료로 불안을 탈피한다   141
안전 추구 행동을 멈춘다   153
사회적 불안과 사회적 소진을 구분한다   165

5장   모든 관계에 적용되는 의사소통의 세 가지 원칙

대화를 잘 시작하는 나만의 방법을 찾아라   181
즉흥극의 방식으로 다른 사람과 상호작용하라   189
자기주장력을 발휘할수록 갈등은 사라진다   201

요약: 인간관계에서 상처받지 않는 생각 재설계   214

생각 중독자의
머릿속에서
벌어지는 일

Social
skills
for
the
over
thinker

반추
: 혼자만의 생각을 곱씹고 되새기는 경향성

제이미를 소개하겠다. 그는 '스몰토크를 너무도 싫어하고' 사람들과 어울리는 일이 늘 어려웠다. 친구를 사귀기는 어렵고 그 관계를 유지하기란 너무도 피곤한 일이라고 생각했으며, 이 모든 일들이 과연 그럴 만한 가치가 있는 것인가 하는 의문을 자주 품었다. 왜 그는 다른 사람들보다 유독 힘들어하는 걸까? 실제로 수십 년간이나 이 문제를 고민했던 그는 마침내 자신이 너무도 예민한 사람이고 내향적이며 자존감이 낮기 때문이라는 결론을 얻었다.

하지만 사실 이런 것들은 제이미가 사람들과 잘 어울리지 못하는 진짜 이유가 아니다. 다음의 시나리오를 살펴보고 진짜 원인이 무엇일지 생각해 보길 바란다.

제이미는 조금 전에 동료들과 상사 몇 명이 함께한 줌zoom 회의를 마쳤다. 말 그대로 끔찍한 시간이었다. 머리가 어질어질했고, 신경이 곤두섰으며, 온종일 무엇에도 좀처럼 집중하기가 어려운 상태가 됐다. 심지어 한 번씩 울컥하다가 갑자기 분노가 차오르기도 했다. 업무에 집중하려 했지만 이내 회의 때 자신이 질문을 받았던 순간으로 되돌아갔다. 당시의 어색했던 상황이 머릿속에 자꾸 재생되었다. 자신이 너무도 당황했었나? 다른 사람들 모두가 자신이 긴장했다는 사실을 눈치챘을까? 왜 조금 더 명확하고 똑똑하고 자연스럽게 말하지 못하고 이상한 말들을 했던 걸까? 왜 바보같이 '전형'이라는 단어도 똑바로 발음하지 못했던 걸까? 상사가 "이제 본론으로 들어가자"라고 했던 것은 자신을 겨냥하는 말이었을까? 그들은 자신이 너무 말을 많이 한다고 생각했던 걸까? 자신이 횡설수설했던 걸까? 자신의 대답이 정말 한심했던 걸까? 아니면 그보다 더 최악으로 누군가의 기분을 상하게 했던 걸까? 선을 넘었나? 왜 자신이 말을 마치고 난 뒤 몇 초간 정적이 감돌았던 걸까?

휴! 이 글을 모두 읽고 났을 때 제이미의 문제가 *사회성*과는 아무런 관련이 없다는 것을 이해했기를 바란다. 제이미는 사회적 상황이나 다른 사람들과의 관계에 아무런 문제가 없다. 업무에도,

의사소통 방식에도, 외모나 지능에도 문제가 없으며 그의 두뇌가 잠재적 위협이라고 정신없이 외쳐대는 그 어떤 일에도 사실 아무런 문제가 없다. **오히려 제이미의 문제는 생각 과잉이라는 데, 그래서 모든 일을 더욱 악화시킨다는 데 있다.** 그가 보이는 특정한 반추의 유형을 사후 반추post-event rumination라고 하는데, 이름 그대로다. 사회적 경험들을 고통스러울 정도로 머릿속에 거듭 재생하는 와중에 부정적인 면에만 집중할 뿐 아니라, 있지도 않았던 일을 지어내는 경향성을 의미한다.

이 책에서는 사회적 불안을, 그중에서도 불안을 집중적으로 다룰 예정이다. 의사소통하는 법, 친구를 사귀는 법, 경청하는 법, 관계를 쌓아가는 법을 배울 방도야 많다. 하지만 불안에 지나치게 사로잡힌 나머지 자신만의 생각에서 벗어나 이 방법들을 실천할 여유조차 없다면 그 어떤 기술도 효과를 발휘하지 못한다. 따라서 **불안 문제를 해결함으로써 우리는 다른 어떤 기술과 마찬가지로 안전하고 중립적인 기술로서 배우고 익힐 수 있는 사회적 교류에 참여할 수 있게 된다.**

이 책에서는 불안이 어떻게 자연스럽고 즐거우며 즉흥적인 타인과의 상호작용에 걸림돌이 되는지 살펴볼 것이다. 책을 읽어나갈수록, 불안한 반추에서 조금씩 벗어나 세상으로 한 걸음씩 나아가고, 우리의 환경과 다른 사람들, 실재하는 현재의 순간과 적극적으로 소통하게 될 것이다.

이렇게 생각해 보길 바란다. 불안은 **좁은 틀에 갇히는 행위**다. 스트레스와 긴장은 신체와 호흡, 신경계 전체를 옥죄고 압박한다. 인식의 범위 또한 좁히고 압박해 당신의 세상은 머릿속이라는 작은 공간에 맞춰 움츠러든다. 그렇게 괴로움에 빠지는 것이다! 이 위축되고 긴장된 공간에 갇혀 우리는 인식 밖에 있는 그 무엇과도 연결되지 못한다.

타인과 성공적으로 상호작용한다는 것은 확장의 행위다. 바깥세상 그리고 바깥세상에 있는 모든 것들과 연결되기 위해서는 우리 자신, 익숙한 서사, 우리를 점철한 생각, 두려움, 고정된 한계에서 벗어나 다른 무언가 또는 다른 누군가를 마주해야 한다.

이를 직접 확인하기 위해, 최근 자신이 진심으로 사회적 불안을 느꼈을 때를 떠올려보길 바란다. 당시를 떠올리며 그 상황을 머릿속으로 그려보는 것이다(끔찍했던 제이미의 줌 회의 같은 것 말이다!). 심장이 뛰고, 속이 뒤집힐 것 같고, 수많은 생각이 머릿속을 질주하고, 어색했던 그때의 공기가 기억날 것이다.

그렇다면 타인의 눈을 들여다보며 교감했던 순간을 떠올릴 수 있는가? 어떤 공간이었는지, 다른 사람들이 어떤 옷을 입었는지, 날씨는 어땠는지 기억하는가? 어떤 음악이 흘러나오고 있었는가? 사람들이 당신에게 했던 세부적인 이야기들을 기억할 수 있는가?

아마 하나도 기억하지 못할 공산이 크다. 불안으로 인식이 너무도 좁아진 탓에 자신이 느낀 불편함밖에 알아차리지 못했을 테니까. 이런 상황에서 자신이 사회성이 좋지 않은 사람이라고 말해서는 안 된다. 사람들과 사귀려고 제대로 된 시도조차 해보지 못했으니 말이다!

그것이 바로 이 책을 생각 과잉에 대해 지나치게 생각하는 것으로 시작하지 않는 이유다(즉 우리가 얼마나 반추하는지에 대해 반추하지 않을 것이다!). 과거를 일일이 곱씹으며 어떤 일이 있었고 얼마나 끔찍했는지 따지는 일은 무의미하다. 당신의 자세나 화법, 외모 같은 것을 분석하지 않을 생각이다. 이런 것들이 문제의 본질이었던 적은 한 번도 없었으니까. 도리어 우리는 한 걸음 물러나 우리가 자신의 행동을 두고 스스로에게 어떤 이야기를 하는지부터 살펴볼 예정이다.

반추의 악순환을 멈추는 법

먼저 어떠한 사회적 상황을 경험한다. 그 상황이 끝나고 나면 당시의 일을 반추한다. 여기서 "반추ruminate"는 반추 동물, 말 그대로 되새김질을 하는 동물을 가리키는 용어에서 따온 것이다. 끔찍한 감정을 불러오는 생각들을 끄집어내어 계속해서 곱씹고 되새길 때마다 생각은 더욱 최악으로 치닫는다. 되새김질을 마칠 즈음이면 자신이 끔찍한 인간이고, 모두가 자신을 싫어하며, 사람들과 어울리는 시간을 단 1초도 견딜 수 없다는 확고한 믿음이 자리 잡는다. 이제 이 태도를 장착한 채 또 다른 사회적 상황을 맞이하고, 당연하게도 이 악순환은 새로운 주기를 시작한다.

우선, 사회적 반추가 하나의 사이클이라는 사실을 인식해야 한다. 당신은 왜 이렇게 생각하고 두뇌는 왜 이렇게 작동하는 것일까? 사실, 그 이유는 그리 중요하지 않다. 명심해야 할 것은 "악순환에는 뿌리가 없다"라는 것이며, 그 때문에 이것이 애초에 어떤 이유로 시작됐는지는 사실상 중요하지 않다. 대신 무엇이 이 악순환을 유지시키는지에 관심을 기울여야 한다. 그 동력을 멈추면 사이클은 주기를 멈춘다.

1단계: 자신의 평가가 왜곡되었다는 사실을 인정한다

불안한 마음은 아주 조그마한 데이터에서 거대한 의미를 만들어낸다. 잠시 멈춰 당신이 이러한 행동을 하고 있다는 것을 인정하길 바란다. 당신을 바라보고 있는 상대는… 그저 당신을 보고 있는 것뿐이다. 당신을 평가한다거나, 화가 나있다거나, 당신 얼굴이 어딘가 이상하기 때문에 쳐다본다는 생각은 그저 당신이 만들어낸 (그리고 더는 만들어낼 필요가 없는) 추가적인 데이터일 뿐이다. 다시 말해, 잠시 멈춰 당신의 두뇌가 들려주는 모든 이야기가 100퍼센트 진실은 아닐 수 있다는 사실을 인식해야 한다.

2단계: 현실과 감정을 분리한다

생각이 왜곡될 수 있듯 감정 처리 또한 왜곡될 수 있다. 생각 중독자들이 지닌 가장 큰 문제는 추론 과정에서 다음과 같은 오류를 저지른다는 데 있다.

"파티가 끝난 후 너무 불안하고 어색했어. 내가 망신스러운 행동을 한 게 분명해."

이 생각을 한번 자세히 들여다보자. 불안을 느낀다면 세상 '어딘가에' 내가 이런 기분을 느낄 만한 어떠한 이유가 있을 거라는 의미다. 객관적으로 봐도 스트레스가 심한 상황이었던 것이 분명하다는 뜻이다. 또는 내가 죄책감이나 어색함을 느낀다면 내가 객관적으로 무언가 잘못한 일이 있을 거라는 식이다.

이 시각의 차이를 이해하기 어렵다면 분노를 예로 들어 생각해보자. 아무 이유 없이 다른 사람에게 굉장한 짜증을 내는 사람을 본 적이 있는가? 본인이 실수로 자신의 발을 잘못 찧어놓고 곧장 다른 사람 탓을 하는 것이다. 그는 이런 생각을 하는 것 같다. "나는 화가 나고 다쳤어…. 그러니 누군가 날 아프게 한 게 분명해!"

다시 한번 말하지만, 잠시 멈춰 자신이 내린 현실에 대한 평가가 진짜 현실과는 다를 수 있다는 점을 깨달아야 한다. 어떠한 상황이 단순히 끔찍하다고 느껴졌을 수 있겠지만… 정말 끔찍한 상황이었을까? 어떠한 대상을 명명하고 지칭하는 데는 명확한 언어를 사용해야 한다. "그 상황이 끔찍하게 느껴졌어"가 "끔찍한 상황이었어"보다는 정확한 평가일 것이다.

"내가 너무 이상하게 굴었어" 또한 정확하지 않다. "내가 두려움을 느꼈어" 또는 "내가 불안을 느꼈어"가 더욱 나은 표현이다. ("내가 너무 이상하게 굴었어" "내가 사회성이 없어"라는 식으로) *자신*을 지칭하는 표현에서 ("내가 불안을 느꼈어"처럼) 당시의 경험을 묘사하는 표현으로 언어를 바꿔야 한다. 스스로에게 다음의 질문을 하길 바란다.

- 지금 내가 사회적 상황의 중요한 측면을 무시하고 있지는 않은가?
- 지금 내가 다른 사람들의 생각을 추측하고 있지는 않은가?
- 이것이 내 미래나 현재의 인간관계에 어떠한 영향을 미칠 것이라고 성급한 결론을 내리고 있지는 않은가?

3단계: 재앙과 불편함을 분리한다

이제 본론에 조금 다가가는 셈이다.

솔직히 말해 조금 까다롭다고 할 만한 사회적 상황도 분명 있다. 본의 아니게 실수를 하거나 말을 더듬는 상황도 생긴다. 그런 일도 벌어진다. 하지만 우리가 이를 어떻게 해석하느냐에 따라 이야기가 완전히 달라질 수 있다. 당신이 가장 두렵게 여기는 상황이 실제로 벌어졌고 정말 한심한 말을 내뱉었다 해도, 그게 뭐 어떻다는 것인가? 분명 불편하기는 하겠지만 그렇다고 세상이 끝나는 것은 아니다. 계속해서 당신의 삶을 살아갈 것이고, 당신은 장점도 단점도 갖춘 당신 모습 그대로 여전히 예전과 같은 사람이며, 삶은 계속된다.

어떤 이론가들은 사회적 거부가 끔찍한 느낌을 주는 이유는 사회적 집단에서 거부당하는 일이 곧 생존에 심각한 결과로 이어지는 맥락에서 인간의 감정이 진화했기 때문이라고 추측하기도 한다. 하지만 이러한 자동반사적인 경향성을 인지하고, 이를 완화해야 할 필요가 있다. "동료들이 나를 싫어하면 그것으로 끝이야. 나는 제대로 대처하지 못할 거고, 사망 선고나 다름없는 그 일을 도저히 견디지 못할 거야." 사실일까? 어색한 순간 하나로 당신이 정말 바짝 말라 죽게 될까?

정말로 견딜 수 없는 두려운 고통이 오기 전에, 불편함의 다양한 정도를 능숙하게 알아차릴 수 있어야 한다. 실제로 사회성이 좋은 이들은, 사람들을 대하는 상황을 힘들어하는 이들에 비해 불편한 감정을 더욱 많이 느낀다.

반추를 할 때, 어쩌면 당신은 지난 일을 생사가 걸린 문제를 바라보듯 접근하고, 당신의 두뇌는 심각한 위협으로 인지한 무언가에서 당신을 보호하려 하고 있을지도 모른다. 하지만 일어날 수 있는 최악의 일은 당신이 일시적으로 불쾌한 기분을 느끼는 것뿐이다. 그게 전부이다. 일시적인 감정이야 처리할 수 있고, 그러한 감정을 처리하는 데 상당히 능숙해질 수도 있다.

불안은 위험도, 세상의 종말도 아니다. 때로는 반추가 불편한 감정을 경험하지 않으려는 하나의 방법이기에 행하기도 한다. 어떤 식으로든 타인이 내게 행하는 행동을 통제할 수 있기를, 또는 나에 대한 타인의 평가를 통제할 수 있기를, 그리하여 모든 것이 완벽해지고 실수를 저지르거나 취약하다는 느낌을 받는 일이 없기를 바라는 것이다. 이렇듯 솔직하게 적은 글을 읽고 나니 조금 한심한 이야기처럼 들리지 않는가?

어떤 경우, 우리가 했어야 하는 행동과 실제로 한 행동 사이에 큰 차이가 벌어진 탓에 사후 반추를 하기도 한다. 한 가지 해결책은, 무언가를 "했어야" 한다는 생각을 버리고 스스로에게 조금 더 친절해지는 것이다. 타인이 언제나 완벽한 모습을 보이길 기대하는가? 그렇지 않다면 자신에게도 그런 기대를 품어서는 안 된다. 또 다른 해결책으로는 자신이 실제로 한 행동을 조금 더 관대한 시각으로 바라보는 것이다. 중립적인 제삼자가 당신의 행동을 보고 지금 당신처럼 그토록 엄격하게 평가를 내릴까?

인간관계는 완벽하지 않은 것이 정상이라고 인정해야 한다. 결점이 전혀 없는 의사소통이란 없고, 약간의 마찰은 당연한 것이다. 한 번씩 삐끗할 수도 있다고 여기며 의미를 부여하지 않아야 한다. 그저 상호작용일 뿐이지 당신의 삶을 좌우하는 결정적 순간이 아니다. 완벽함을 추구하는 태도에서 타인과의 *진실한 연결감*을 소중하게 여기려는 태도로 전환해야 한다. 즉 취약함을 포용하는 법을 배워야 한다는 의미다. 스스로 본연의 모습을 드러낼 수 있도록 허락하고, 자신이 아직 과정 중에 있으며 발전하고 있고 결점이 있다는 것을 인정해야 한다. 다른 이들도 당신과 같다는 사실을 잊지 않아야 한다!

그렇다면 이 작은 단계들이 제이미의 삶에 어떻게 적용될까?

줌 회의 후 그는 자신의 감정을 기록하는 시간을 갖고 다음 회의 때 어떻게 해야 할지 계획을 세웠다(반추가 *아니라는* 데 주목해야 한다!). 불안한 생각과 감정이 어떻게 진행되는지 의식의 흐름을 기록한 뒤 그 과정을 객관적으로 그리고 어느 정도 거리를 두고 살펴봤다.

- 이러한 추측, 결론, 판단에 대한 어떠한 근거가 있는가?
- 기대치나 기준이 너무 높거나 비현실적인 것은 아닌가?
- 이 상황에서 간과되고 있는 긍정적인 측면은 없는가?
- 자기 연민을 발휘할 여지가 있는가?

이런 식으로 천천히 상황을 살펴보며 제이미는 놀라운 통찰을 얻게 되었다. 조금 전에 마친 줌 회의는 아주 완벽하게 평범했다는 사실을 말이다. 그는 회의 녹화 영상을 다시 돌려보았다. 이제 중립적인 시각을 지니게 된 그는 자신이 이상하게 굴지 않았을 뿐 아니라 대화가 생산적이었고, 서로를 향한 존중이 넘쳤으며, 흥미로웠다는 사실을 깨닫게 되었다. 그는 자신의 불안과 불편함이 모두 오롯이 본인 머릿속의 생각 과잉에서 비롯되었다는 점을 알 수 있었다.

스포트라이트 효과
: 사람들이 지켜보고 있다는 왜곡

데이비드 포스터 월리스David Foster Wallace(미국의 소설가이자 문학비평가 – 옮긴이)는 이런 말을 했다. "사람들이 당신에 대해 거의 생각하지 않는다는 점을 깨달으면 사람들이 당신에 대해 어떻게 생각하는지 신경을 덜 쓰게 될 것이다."

그럼 이제 좁은 주의력narrowed attention이라는 개념을 살펴보도록 하자. **스포트라이트 효과**spotlight effect는 사회적 환경에서 타인이 자신의 외모나 행동을 많이 의식하고 주목할 것이라 과대평가하는 심리적 현상이다. 즉, "스포트라이트를 받으며" 타인에게 엄격하게 평가당하는 것 같은 극도로 괴로운 감정 상태를 의미한다. 상상할 수 있듯, 이것은 인지적 왜곡이다. 사실 스스로에게 지나치게 집중하는 상태일 뿐, 타인이 우리에게 가하는 행위가 아닙니다.

사람들이 쉬지 않고 자신을 지켜보고 평가한다는 왜곡으로 인해 사회적 불안이 높아진다. 하지만 톰 길로비치Tom Gilovich(미국의 심리학자 — 옮긴이)와 그 동료들이 2000년에 진행한 연구를 포함해 다수의 연구에서 이러한 인식은 지나치게 과장되었다는 사실이 밝혀졌다.

한 실험에서 학생들에게 아주 민망한 티셔츠를 입게 한 뒤, 같은 공간에 있는 사람들 중 몇 명이나 그 티셔츠를 의식할 것 같은지 물었다. 학생들의 추정치는 실제로 민망한 티셔츠를 의식한 사람의 수보다 훨씬 높았다. 한편 또 다른 학생들에게 이 실험을 녹화한 영상을 보여준 뒤 티셔츠를 몇 명이나 알아차렸을지 물었는데, 이들은 실제 결과와 상당히 가까운 추정치를 냈다.

또 다른 연구에서는 밥 말리Bob Marley와 마틴 루서 킹 주니어Marine Luther King Jr같이 유명인의 얼굴이 인쇄된 멀쩡한 티셔츠를 사용했다. 이번에도 해당 티셔츠를 입은 학생들은 얼마나 많은 사람이 유명인의 얼굴을 알아보고 기억했을지 추측했는데, 역시나 그 수를 지나치게 높게 잡았다. 대조적으로, 실제로 티셔츠를 기억하고 있는 사람들의 수는 훨씬 적었다.

여기서 핵심은 사람들은 대체로 자신의 삶과 생각, 활동에 가

장 관심이 많고 타인의 외모나 행동에는 거의 신경을 쓰지 않는다는 점이다. 가장 좋은 시나리오는 대수롭지 않은 세세한 이야기에 집착하기보다는 실제 오가는 대화에 몰입하고 상호작용이라는 흐름 그 자체에 집중하는 것이다. 불안으로 인해 자신이 그리고 자신이 하는 일들이 이 세상에서 중요한 의미를 지닌다고 착각하게 된다. 조금 잔인하게 들릴지 몰라도 아무도 당신을 신경 쓰지 않는다는 점을 명심하길 바란다! 다음번에 공공장소에 가게 되면 타인의 외모나 행동 속 세세한 것들에 당신이 얼마나 관심을 기울이는지 살펴보자. 설사 소소한 것들을 인식했다 해도 그 대상에 얼마나 집중할 수 있는가? 평가나 부정적인 생각이 항상 뒤따르는가? 아닐 것이다!

스포트라이트를 끄는 몇 가지 방법이 있다.

스포트라이트를 평가한다

"부정적인" 스포트라이트가 자신을 비추는 것 같을 때면 자신이 그 불빛을 스스로에게 드리운 것은 아닌지, 다시 말해 스스로에게 과도하게 집중하고 있는 것은 아닌지 잠시 생각해 본다.

스포트라이트가 켜진 것 같다면 그 불빛을 조금 더 퍼뜨려 주변 환경을 비추도록 넓힌다. 자신의 신체와 감각, 외모, 생각이 아닌 다른 대상에 집중한다. 한 가지 훌륭한 방법은 상대에게 깊이 몰입하고 상대의 말을 경청하는 것이다. 자기 자신을 버리고 상대의 세계에 진입한다. 즉각 안도감을 경험할지도 모른다. 자신을 비추는 스포트라이트가 지금 처한 상황의 특징이 아니라, 스스로에 대한 검열이라는 것을 깨달아야 한다.

근거 없는 불안을 의심한다

스포트라이트를 받는 것은 그 자체로 두려움을 느낄 경험이 아니다. 이렇게 생각해 보자. 관찰당한다는 것 자체는 위험하거나 불쾌한 경험도, 위협적인 경험도 아니다. 다만 스포트라이트 조명을 받았을 때 곧장 평가를 당하는 것만 같은 믿음이 고통스러운 감정을 불러오는 것이다. 다시 한번 말하지만 이런 생각은 왜곡일 때가 많다. 타인의 생각은 확실하게 알 수 없고(실로 자기 자신의 생각조차 모르는 사람들이 많다!), 설령 알 수 있다고 해도 이를 통제할 방법은 없다. 사람들은 각자 자신만의 걱정거리에 빠져있고, 당신의 행동이 그들에게 직접적으로 영향을 미치지만 않는다면 당신이 무엇을 하든 깊이 생각하지 않는다. 당신이 스치는 모든 사람은 자신만의 스토리 속 주인공이고, 자신이 꾸린 거대한 우주에 살고 있으며 그 우주에서 당신은 지나가는 행인 정도의 역할밖에 되지 않는다.

자신에게 친절함을 발휘한다

어느 순간, 사회적 불안에 잠식되는 것 같다면 친한 친구가 같은 상황을 겪고 있다고 생각해 본다. 이들에게 도움과 용기를 주기 위해 어떤 말을 할지 떠올린다. 친구에게는 스스로에게 하는 말과는 전혀 다른 이야기를 들려줄 것이다! "내 친구는 정상적인 사람이고 나는 상당히 이상한 사람이라 상황이 좀 다르다고"라는 생각이 든다면 이런 말을 하는 친구에게 어떻게 대꾸할 것인지를 생각해 보길 바란다!

모든 것을 내 위주로 생각하는 저주

알다시피 한 가지 기묘한 아이러니가 있다. 과할 정도로 자신을 의식하는 사람들은 불안한 자기 몰두에 빠져 관심이 항상 나, 나, 나에만 향하는 경향이 두드러진다. 자기 자신에게 관대하고 편안함을 느끼는 사람, 자신감 있고 사회적 상호작용을 성공적으로 해내는 사람들은 도리어 자기 자신에 대해 거의 생각하지 않는다.

스포트라이트 효과로 인해 우리는 자신이 모든 일의 중심이라고, 또는 주변에서 일어나는 모든 일이 어떤 식으로든 자신 또는 자신이 하는 말이나 행동과 관련이 있다고 오해한다. 심리학 용어로 *개인화*personalization라는 개념은 중립적인 사건들을 계속해서 자신과 연관시키는 현상을 의미한다. 예컨대 부정적인 사건이 발생했을 때 그것이 어쩐지 자신의 잘못 같다고 느끼는 식이다. 이와 관련한 인지 왜곡은 독심술mind-reading로, 증거 하나 없으면서 타인의 생각과 감정을 순식간에 판단하는 행위다.

이를테면 여러 사람들과 함께 있는 와중에 누군가 한숨을 내쉬며 "지루해!"라고 크게 이야기한다면 곧장 당신이 재미없는 사람이고, 사람들을 즐겁게 해주지 못하고 있다는 비난을 우회적으로 표현한 것이라고 즉각 받아들이는 식이다. 또는 식당 종업원이 "아침 식사 메뉴는 원래 제공되는 음식 외에 다른 음식으로 대체해 드리기 어렵습니다"라고 말한다면 다른 음식으로 대체해 달라는 당신의 요청에 종업원이 짜증을 느꼈다고 해석한다.

사실 사회적 상황이라는 것은 그 맥락이 분명치 않을 때가 많다. 온갖 정보가 떠다니고, 사람들의 의도와 동기, 생각, 감정은 우리의 눈에 보이지 않는다. 이런 상황에서 타인을 이해하기 위해, 우리는 어떠한 작동 모형을 만들어야 한다. 불안도가 높은 생각 중독자들은 이 작업을 부정적이고 왜곡된 방향으로, 유익하지 않은 방향으로 수행할 공산이 크다. 타인의 생각을 확실히 알 수 없는 상황에 닥치면 불안으로 인해 *자신*이 문제의 근원이라는 섣부른 결론에 이른다. 이런 생각에 빠져있음을 인식하고 한 걸음 물러나는 데는 약간의 훈련이 필요하다. 이 세상에는 당신 외에도, 당신이 끔찍한 사람이라는 사실 외에도 수많은 것들이 존재하지 않겠는가?

농담은 이쯤 하고, 사실 우리들 대부분은 과거의 경험에서 개인화를 배웠다. 양육 과정에서 타인의 감정과 행동에 대한 책임이 당신에게 있음을 인정해야 한다는 잘못된 가르침을 받았을 수도 있고, 부당한 비난을 내면화하는 습관이 생긴 것일 수도 있다. 이후 성인이 되면 이러한 부정적이고 자기비판적인 생각들은 정렬된 도미노처럼 내면에 자리한다. 외부 자극 하나로 (누군가 "지루해!"라고 말만 해도) 도미노들이 자동적으로 넘어지기 시작한다.

제이미의 사례에서 줌 회의 중에 상사가 "이제 본론으로 들어가자"라는 말을 했던 것이 일련의 사고와 감정을 촉발한 나머지, 제이미는 상사가 분노/짜증을 표현하고 있을 뿐 아니라(독심술) 자신이 그 진원지라고(개인화) 생각했다. 상사는 사실 아주 사소하고도 별 의미 없는 이유로 그런 이야기를 한 것이었다. 제이미의 상사에게는 회의 때 다루어야 할 안건이 있었고, 그는 이제 다음 화제로 넘어가야 할 때라고 생각했던 것뿐이다. 정말 별거 아니지 않은가?

이런 식의 왜곡된 사고가 번져 다른 도미노가 계속해서 넘어지는 현상이 벌어진다. 이후 제이미의 반추 과정은 이렇게 변하기 시작한다.

- 개인적 Personal - 상사가 사실 자신에게 불만이 있고, 어쩌면 자신을 극도로 싫어하고 있을지도 모른다.
- 영구적 Permanent - 지금 이것이 현실이고 앞으로 이 현실은 영원히 지속될 것이다.
- 확산적 Pervasive - 다른 상사들도 자신을 똑같이 여길 것이고, 그렇게 생각하고 보니 자신의 삶 속에 함께하는 사람들 대부분도 자신을 견딜 수 없는 인간이라고 여기는 듯하다.

만약 당신도 얼마간 이런 생각을 한다면 이를 쉽게 바로잡을 수 있음을 믿어보길 바란다.

감정과 생각, 현실을 구별한다

먼저, 감정과 생각의 차이를 이해해야 한다. 감정은 보통 한 가지 단어로(가령 행복한, 두려운 등으로) 요약할 수 있는 한편, 생각은 감정을 유발하거나 감정의 결과로 이어지는 견해다. 불편한 감정은 통제할 수 없지만 생각의 덫에 효율적으로 대응하는 대처 기술을 선택할 수는 있다.

> 감정: 불안
> 생각: "상사가 오늘 내게 대충 '안녕!'이라고만 인사했어. 내가 뭔가 그의 심기를 거스른 행동을 한 게 분명해."

이 사례에서 감정은 불안이고 생각은 자신이 무언가를 잘못했다는 추정이다. 불안감이라는 감정과 타인이 당신을 바라보는 시각이 서로 다른 개념이라는 사실을 이해한다면 이 상황에 더욱 효율적으로 대처할 수 있다. 결국에는 감정과 생각 모두 현실과는 완벽히 다르다는 것 또한 깨달아야 한다.

이름을 붙이는 훈련을 한다

감정이나 생각이 떠오를 때마다 이들을 분리해 이름을 붙이려 노력하는 것이다. 위의 사례를 보자면, 타인이 당신과 대화를 나누기 싫어하는 것 같다는 추정이 기저에 자리함을 깨닫는 것이다. 개인화하거나 타인의 마음을 넘겨짚는 자신의 경향성을 인정할 때 자신의 감정 반응을 더욱 잘 이해하고 관리할 수 있다.

상황과 감정, 생각에 이름을 붙일 때 이 세 가지를 분리할 수 있고 생각을 좀 더 명확하게 인식할 수 있다. "나한테 좀 짜증이 난 것 같은데…. 하지만 이건 그냥 내가 넘겨짚는 거잖아." 이제 당신이 무엇 때문에 괴로운지를 — 상황이 아니라 자신의 생각 때문이라는 것을 — 알게 되었고 정말 중요한 문제를 바로잡는 조치를 취할 수 있게 된다.

다른 설명을 고려한다

자신의 머릿속 말을 늘 그대로 수용해서는 안 된다! 지금 바라보고 있는 상황에 적용될 수 있는 다른 설명을 떠올릴 줄 알아야 한다. 오로지 당신만을 고려한 가능성이 아니라 현실적인 "최상의" 시나리오를 찾는 데 주력하는 것이다. 다른 관점을 고려할 때 개인화나 넘겨짚기에서 벗어나 상황을 조금 더 균형 있게 이해할 수 있다. "옳은" 사유를 찾자는 게 아니라 자신의 첫 번째 평가가 옳다고 추정하지 않는 습관을 기르고, 상황을 조금 더 정확하게 그리고 유익한 방향으로 바라보자는 뜻이다.

위에서 소개한 사례에 대입하자면,

1. "우리 부서에 지금 너무 바쁜 일이 많아서 상사가 스트레스를 많이 받고 있는 것일지도 몰라."
2. "상사가 일 외적으로 심각한 문제를 여럿 안고 있고, 일이 아닌 다른 데 정신이 팔려있을지도 몰라."
3. "서둘러 해야 할 일 때문에 마음이 바빠 퉁명스럽게 구는 것일 수도 있어."
4. "본인은 친절하게 대한다고 생각할지도 모르지. 내게 그리 관심을 두지 않고 무심결에 인사한 걸 거야. 무슨 의도 같은 게 전혀 없었던 거지."
5. "조금 전까지 복잡한 업무에 시달린 바람에 지쳐서 조금 퉁명스럽게 굴었던 걸 거야."

이 모든 설명이 사실일 가능성을 내포하고 있다. 어쨌거나 무엇이 사실인지를 확인할 타당한 증거가 없는 만큼 다른 설명을 믿어보는 게 낫지 않을까?

상사가 당신에게 실제로 짜증이 난 것일 수도 있다. 설사 그렇다 해도 정말 확실해지고 나서 걱정해도 될 일을 그 전부터 불행해하며 시간을 낭비할 이유가 있을까? 반추와 불안의 가장 큰 속임수는 그것이 문제 해결 행동같이 느껴진다는 것이다. 즉 우리가 걱정을 계속한다면 문제를 해결하거나 재앙을 회피할 수 있을 거라고 생각하는 것이다. 하지만 현실은 그 반대다. 걱정은 에너지를 소진시키고 능률과 능력, 명료한 사고력마저 저하시킨다. 문제 해결 능력을 더욱 떨어뜨리는 것이다. 다른 사람이 어떤 생각을 하는지 걱정된다면 가급적 빨리 그 상대에게 가서 물어보면 된다. 가만히 앉아 고민하며 혹시 이런 일 때문일까, 다른 것은 아닐까, 괴로움에 마음을 졸이는 것은 자신이 문제를 해결하려고 무언가를 하고 있다는 느낌만 줄 뿐 사실 그렇지가 않다. 정말 행동하는 것만이 무언가를 하는 것이다.

일반화
: 한정된 데이터에 기반한 자동반사적인 추론

두뇌는 뛰어난 도구다. 제대로 기능한다면 두뇌는 상황을 효과적으로 분석하고, 계획과 전략을 세우며, 새로운 아이디어를 만들어내고, 실수에서 배움을 얻고, 생각과 감정을 체계적으로 정리하고, 문제를 해결하는 데 도움을 준다. 제대로 작동하지 않는다면 두뇌는 문제를 일으킨다.

일반화란 한정된 데이터를 바탕으로 자신이 경험하지 못한 상황이나 시나리오를 판단하기 위해 추론하는 행위다. 그래서 한 번 뱀에게 물리고 나면 뱀 근처에는 얼씬도 하지 않을 수 있다. 어떠한 책에 나온 "a"의 의미가 다른 책에서도 같은 의미를 지닌다는 것을 아는 것 또한 같은 기제다. 이것은 두뇌가 학습하는 주된 방법 중 하나다. 두뇌가 어떠한 편견과 제한된 믿음, 두려움에 사로잡히는 주된 이유 중 하나이기도 하다.

예컨대 수업 시간에 오답을 말하고 수치심을 느꼈다면 앞으로 틀린 답을 말할 때마다 같은 경험을 하게 될 것이라는 믿음이 형성되는 것이다. 이러한 사고 패턴은 향후 사회적 상호작용에서 생각 과잉, 수치심에 대한 두려움을 촉발할 수 있다. 여기서 또 하나의 악순환이 등장한다. 발표 후 수치심을 경험했던 탓에 다음 수업 시간에는 발표를 피하고 이로써 안도감을 경험하는 것이다. 이 안도감은 회피와 도피가 "효과가 있다"라는 가르침을 주는 긍정 강화다. 앞으로는 계속해서 발표를 피할 가능성이 커진다.

어떤 면에서는 고착화된 신념과 생각들을 모두 살피고 이것들이 단순히 습관이었을 때로, 심지어 그 전, 하나의 경험이었을 때로 돌아갈 수도 있다. 하지만 불안한 두뇌는 위험을 회피하려 한다. 두뇌는 부정적인 경험으로 이어질 것 같은 일들을 회피하는 동시에, a) 그 일이 실제로 부정적인 경험이 될 것이고 b) 이 상황에 대처하는 유일한 방법은 도피나 회피, 그 외 부적응적 대처 전략을 택하는 것이라는 신념을 더욱 굳건히 한다.

불안으로 가득한 생각 중독에서 벗어난다는 것은 나 자신의 머릿속이 아니라 실재하는 현재의 순간을 있는 그대로 살아간다는 의미다. 우리는 세상의 한 가지 단편적인 *개념*과 *의미* 속에서 살아가는 것이 아니라, 지금 이 순간의 현실 세계 속에서 앞으로 어떠한 일이 펼쳐질지 호기심 어린 눈으로 지켜보며 존재해야 한다. 그것은 어떠한 상황에 대한 기억에 반응하거나 그 기억을 해석하는 것이 아니며, 자동반사적으로 추정하고 그것이 절대적 진실인 것처럼 행동하는 것이 아니다.

우리는 단순히 그 순간을 인식하고, 그 순간에 살아있는 생명체로서 자연스럽게 존재한다.

순간순간이 완벽히 새로운 순간이다. 어떤 일이 과거에 어떠했다고 해서 그것이 영원히 평생 같은 과정과 결과를 가져오는 것도 아니다. 마음에 여유를 갖고 그 순간을 있는 그대로 경험한다면 자신의 추정이 얼마나 부정적이었는지를 깨닫고 놀라게 될 것이다!

앞서 불안한 반추가 당신을 좁은 틀에 가둔다고 이야기했다. 여기서는 이러한 좁은 인식에서 비롯된 아주 적은 데이터를 언제나 어떤 일에나 적용할 수 있다고 생각하는 것 또한 하나의 왜곡이라는 점을 보게 될 것이다. 이러한 경향성에 맞서, 두뇌가 우리를 가로막는 것이 아니라 우리에게 도움이 되는 방향으로 작동하도록 본래의 역할로 되돌리는 몇 가지 방법이 있다.

반증을 찾아본다

우리가 스스로에게 들려주는 이야기를 얼마나 빨리 그리고 쉽게 믿어버리는지 생각해 보면 이상하지 않은가? 제아무리 순진하고 남을 잘 믿는다는 사람조차도 자신이 보고, 읽고, 들은 것을 전부 믿지는 않을 텐데, 부정적인 자기 대화만큼은 대단히 쉽게 믿는 것 같지 않은가?

자신이 과잉일반화 overgeneralization 하는 순간을 인식하려고 노력해야 한다. 다음과 같은 상황을 들 수 있겠다.

- 항상, 절대로, 모두, 아무도, 영원히, 완전히, 아무것도 등과 같이 총체적이고 절대적인 언어를 쓸 때다. 이러한 언어는 이것 아니면 저것이라는 이분법적 사고를 반영하는데, 이러한 사고방식은 현실을 제대로 반영하지 못할 때가 많다.
- 구체적인 언어가 아니라 모호하고 추상적인 개념을 들어 말한다. 가령 어젯밤 데이트가 별로였다고 이야기하기보다는 현대 사회 인간의 상호작용에는 희망이 없다고 말하는 식이다. 이런 일은 너무도 순식간에 벌어져서 인식하기가 쉽지 않지만, 의식하려 노력하면 "모든 것을 일반화시켜서" 말하고 싶은 충동이 얼마나 자주 드는지 새삼 깨닫게 될 것이다.

• 일시적인 행동이나 사건이 아니라 절대적인 성질이나 특징이라고 단정 짓는 말을 할 때다. 예컨대 오전 시간 내내 어려운 업무를 자꾸 미루는 자신에게 "이 업무를 하는 데 어려움이 있어"라고 말하는 대신 "나는 게을러. 회피적인 성향이야. 늘 이런 식이지"라고 말하는 식이다.

사회적 상황에서 자신이 과잉일반화에 빠진 것 같다면, 그에 반하는 증거를 적극적으로 떠올리며 자신의 생각에 이의를 제기해야 한다. 이를테면 "사람들 앞에만 서면 항상 망신스러운 행동을 해"라는 생각이 들 때는 스스로를 난처하게 했던 경험이 아니라 타인과 긍정적인 상호작용을 나눴던 순간들을 떠올린다. "다들 내가 이상한 사람이라고 해"라는 생각이 들 때는 당신을 좋아하고 당신에게 부정적인 견해가 없는 사람들도 있다는 근거를 적극적으로 찾아본다. 그리 대단한 전략처럼 보이지 않겠지만, 당신의 내적 대화가 얼마나 편향되어 있는지를 확인하고는 깜짝 놀랄 것이다!

제삼자를 상상한다

과잉일반화된 당신의 생각에 의견을 전해줄 따뜻한 친구 한 명을 상상해 본다. 이들은 어떤 이야기를 할까? 스스로 그러한 이성의 목소리가 되어 자신이 내린 결론이 여전히 정확하게 느껴지는지를 평가한다.

이러한 훈련이 마음에 들지 않는다면 더욱 중립적인 상황을 상상해 볼 수 있다. 가령 다른 행성의 과학자나 기자가 당신의 상황을 두고 어떠한 말을 할까 상상해 보는 것이다. 또는 당신이 법정에 서서 "사실 관계들"에 관해 심문을 당한다고 생각해 본다. 이때 어떤 말을 하겠는가? 당신이 거주하는 도시의 모든 사람들이 형편없다는 생각은 *정말로 팩트를 기반으로 한 진실인가?* 아니면 그저 어젯밤 당신의 데이트 상대가 형편없다는 의미일 뿐인가?

친절하고도 중도적인 시각을 유지한다

이렇게 생각할지도 모른다. "그렇긴 하지만 현대 사회에서 인간관계가 질적으로 낮아지고 있는 것도 사실 아닌가? 조금은 맞는 구석도 있는 거 아닌가?"

중립적이고 중도적인 지점을 찾아야 한다. 무엇이든 어느 정도 사실일 수 있지만, 그 경우에도 상황을 언제 어떻게 바라볼 것인지는 우리가 정할 수 있다. 또한 항상 사실이 아닌 무언가는 영원히 사실이 아닐 거라고 생각해서도 안 된다. "나는 친구들을 못 사귀어"라는 총체적인 발언보다 "어떤 상황에서는 친구를 사귀는 것이 어렵기도 하지만 과거에 긍정적인 사회적 상호작용을 나눈 적도 있었어"라는 식의 조금 더 균형 잡힌 생각을 하는 것이다.

거짓된 긍정적 사고나 망상에 빠지라는 게 아니라(이런 사고가 오히려 더욱 심한 흑백논리적 사고방식이다!) 그저 중립적인 말을 사용하라는 의미다. 업무 프레젠테이션을 완전히 망쳤다고 해도 "오늘은 잘 못했고, 참 힘들었어. 하지만 이전에 잘해낸 적이 있고, 오늘 무엇을 잘 못했는지 파악해서 다음번에 더욱 잘하면 돼"라고 생각한다. "친구가 없어"와 "새로운 동네에 와서 아직 친구를 못 사귀었어"는 분명 다르다.

현실적이고 솔직해야 한다고 해서 스스로에게 불친절해야 한다는 의미는 아니다! 중립적인 생각을 갖는 데는 미묘하고도 세심한 사고 못지않게 자기 연민이 중요하게 작용한다.

꼬리표를 붙이는 행위를 멈춘다

우리 삶에서 경험이란 스쳐 지나가는 것이다. 경험은 당신이 아니다. 경험은 당신이라는 사람을 정의하지 않는다.

현대인들은 그 어느 때보다 심리학적 개념에 대한 인식과 이해도가 높지만 그 역효과로 너무도 쉽게 자신을 진단하고 병리화하며, 스스로에게 꼬리표를 붙여 자기 자신에게 한계를 부여하고 변화의 여지를 차단한다. 아래의 사례를 통해 *경험*에 대해 말하는 것과 *정체성*에 대해 말하는 것이 얼마나 큰 차이를 만드는지 살펴보길 바란다.

"나는 이상하게 굴어" VS "나는 특정한 주제에 관해 대화할 때 긴장을 해"
"나는 요리를 못해. 요리가 너무 싫어" VS "저녁 식사를 태웠어"
"나는 공감 능력이 높고 굉장히 민감한 사람이며 내향적이고 전갈자리야" VS "지금 좀 압도당하는 감정을 느끼고 있어"
"지금 여러 가지 PTSD 증상과 해소되지 않은 어린 시절의 트라우마를 경험하고 있어" VS "오늘 조금 불편한 감정을 느꼈어"

차이가 보이는가? 자신의 삶을 각각 분리된 일시적인 경험의 연속으로 이해한다면, 단 하나의 사건으로 자신의 사회적 능력과 성격, 가치 등이 영원히 고착되는 일은 벌어지지 않는다. 경험은 그저 당신이 느꼈던 바, *생각했던 바*일 뿐 당신 *자신이* 아니다. 생각과 감정, 행동은 모두 변할 수 있지만, 영구적인 당신의 정체성은 변할 수 없다.

한 가지 생각해 볼 거리가 있다. **좀 더 중도적인 사고방식을 품을 때 실로 삶은 한결 쉬워진다**는 것이다. 앞서 등장한, 수업 중 발표를 하고는 수치심을 느꼈던 단 한 번의 경험 뒤 과잉일반화에 빠져 다시는 발표를 하지 않는 사례를 생각해 보자. 스스로에게 온갖 비극적인 이야기를 들려줄 것이다. "내가 하는 일이 다 그렇지. 별로 이상할 것도 없어. 어차피 누구도 나를 이해하거나 좋아하지 않을 텐데, 뭐 하러 애를 써야 하는 거야? 나를 도와주려는 사람은 없을 거고, 다들 앉아서 내가 루저라고 생각할 거야. 나는 못 하겠어. 절망적인 상황이라고. 다들 날 싫어하고, 어차피 내가 무슨 이야기를 하는지도 이해하지 못할 거야…."

두뇌는 하나의 부정적인 경험을 크게 부풀려 과거까지 거슬러 올라가 온 우주와 그 안의 모든 것을 잠식하고 영원히 각인시킨다. 자신에게 들려주는 이러한 이야기를 진심으로 믿기 시작한다면 어떻게 행동하게 될까? 사람들이 정말 당신을 이해하지 못하고, 당신에게 잔인하고 비판적으로 대하며, 스스로를 쓸모없는 인간인 데다 개선의 가능성이 없다고 정말로 믿는다면 당신의 행동은 어떻게 변할까?

- 새로운 일을 시도하기 위해 애쓰지 않을 것이다.

- 실패하면 다른 사람 탓을 하거나, 실패하지 않으려 아무것도 시도하지 않을 것이다.
- 사람들을 믿고 마음을 여는 데 어려움을 겪을 것이다.
- 지레 포기하고 자신을 위한 새로운 목표를 더는 세우지 않을 것이다.
- 자신의 잠재력만큼 성취하지 못하고, 외톨이로 지내며, 실패에 익숙해지고, 이런 경험과 자신을 동일시하기 시작할 것이다.
- 부당한 대우를 받아도 자신의 권리를 지키기 위해 목소리를 내지 않을 것이다. 사실 이런 취급을 받을 만하다고 생각하니까. 그렇지 않은가?
- 점점 더 비관적이고 냉담한 사람이 될 것이다.

이 리스트를 보면 알겠지만(점점 더 항목이 늘어나게 될 것이다) 불편함 같은 감정이 몇 분 지속되다 이내 완전히 사라져 버리는 현실 세계에 사는 편이 더 나을 것 같지 않은가? 잠깐 수치스러웠다고 해서 세상이 끝나는 게 아님을 깨달을 때, 당신은 일시적인 불편함이 당신의 성격, 인간으로서의 가치, 경험 그 자체를 조금도 대변하지 않는다는 점을 이해하게 되고, 그러한 일시적인 감정을 과거로 묻고 앞으로도 계속해서 발표할 수 있게 된다.

극단적인 이야기처럼 들리겠지만 이것이 바로 과잉일반화의 힘이다. 아주 작은 일을 크고 감당할 수 없는 일로 만든다. 앞으로는 불편하고, 어색하고, 어렵고, 두렵고, 긴장되고, 불안을 자극하는 일을 맞닥뜨리면 잠시 멈춰 호흡해 보자. 한 걸음 물러나 외부의 시각으로 자신의 경험을 바라봐 보자.

- 내가 지금 하는 생각이나 스스로에게 하는 이야기가 내게 도움이 되는가?
- 내가 지금 내린 결론을 뒷받침해 줄 근거가 있는가?
- 지금 이 생각을 조금 더 중도적인 생각으로 대체할 수 있는가?

일반화라는 선택지가 있다는 사실도, 당신에게 주어졌다는 점도 알아야 한다. 다만 당신이 선택하지 않는 것뿐이다.

1장 요약

- 사회화에 문제가 있다는 것은 사실 깊이 들여다보면 불안 문제일 때가 많다. 과잉 분석과 반추가 흔한 원인이다. 기저에 자리한 불안 문제를 해결한다면 다른 여러 기술과 더불어 사회생활 기술을 향상시킬 수 있다.
- 불안은 우리의 주의력과 의식을 좁히고 제한하지만, 사회화는 주의력을 넓히고 외부 환경과 더욱 충만하게 교류해야 가능하다.
- 사회적 반추는 하나의 사이클이다. 이를 깨기 위해서는 반추를 지속시키는 것이 무엇인지 이해해야 한다. 자신의 생각이 왜곡되었을 수도 있다는 사실을 인정/수용하는 것으로 시작해 현실과 현실에 대한 당신의 평가를 구분하고, 불편함과 거대한 재앙을 구별해야 한다.
- 때때로 불안을 느끼는 것이야 정상적이고, 위험한 일도 아니며, 세상이 끝나는 것도 아니다. 불완전함과 취약함을 포용하고, 부정적인 추정, 결론, 판단에 어떤 근거가 있는지 묻는다. 당신의 기대치가 비현실적이거나 기준이 너무 높을 수도, 당신이 긍정성을 무시하거나 폄하하는 것일 수도 있다.
- 스포트라이트 효과는 사회적 상황에서 타인이 자신의 행동을

의식하고 신경 쓰는 정도를 과대평가하는 인지 왜곡이다. 의식을 확장시켜 자신이 세상의 중심이 아니라는 사실을 깨닫고, 상황이나 타인에 대한 자신의 평가가 *개인적이고, 영구적이고, 확산적*이 되지 않도록 주의해야 한다.

- 감정과 생각, 현실을 구분하고 의식적으로 다른 설명들을 떠올리려 노력한다. 때로는 그저 모호함과 불확실함을 견뎌내야 하는 순간도 있다.
- 마지막으로 일반화는 한정된 데이터를 바탕으로 자신이 경험하지 못한 상황을 추론하는 행위다. 왜곡된 사고로 인한 과잉 일반화는 불안을 불러올 수 있다. 앞서 내린 결론을 반박하는 반증을 끊임없이 찾아보고, 스스로에게 친절함을 발휘하며, 중도적인 시각을 유지하고, 일시적인 경험들이 당신이라는 사람을 영원히 정의하지 않도록 한다.

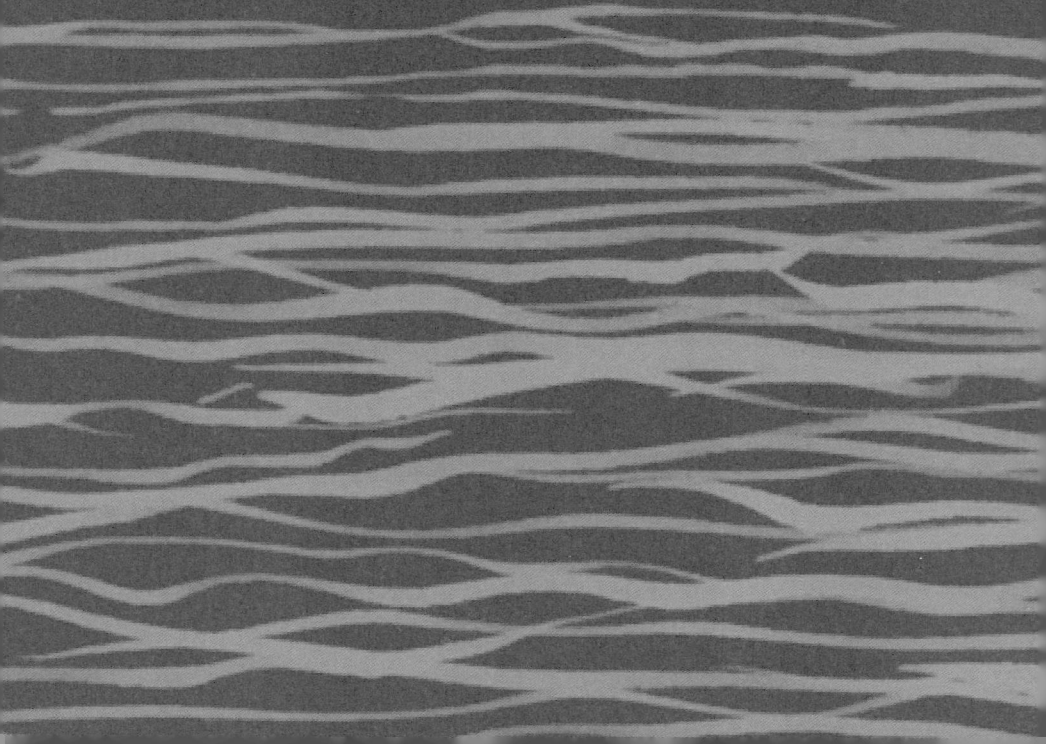

2장

나만의
복잡한 머릿속에서
벗어나는 방법

Social
skills
for
the
over
thinker

호기심을 발동한다

잠시 골든 래브라도 강아지를 상상해 보자. 이 작은 강아지가 세상을 어떻게 경험하는지, 어떤 행동을 보이는지, 새로운 무언가를 마주할 때마다 어떻게 대응하는지 머릿속에 그려보는 것이다. 이곳저곳으로 신나게 점프하며 새로운 대상을 향해 달려가는 모습이 그려지는가? 주변을 탐험하고 이리저리 뛰어다니며 온 데 코를 들이밀고는 눈앞의 모든 것에 쿵쿵 냄새를 맡는 장면이 떠오르는가?

 래브라도 강아지가 주변 환경을 탐험하는 방식은 건강한 동물이 주변을 탐험하는 방식과 똑같다. 인간이라는 동물을 포함해서 말이다. 어떠한 종류든 유기체의 자연스러운 디폴트 모드 default mode는 바로 주변 환경과의 교류다. 짝과 음식을 찾아, 새로운 미지의 무언가를 탐험하고 발견하기 위해, 어찌 보면 "여기에 나를 위한 무언가가 있을까?" 하는 궁금증에서 말이다.

이러한 활력과 교류, 환경과의 상호작용이 정상적이고 건강한 동물의 특징이라면, **무심함**은 불행하고 건강하지 않은 동물의 특징이다. 우리는 우울하거나 불안할 때면 주변 환경과 이렇듯 열정적으로 교류하지 않는다. 세상과 타인에게 관심을 잃고 내면으로만 침잠한다. 삶에 대한 모든 의욕, 목적을 향한 열정, 상호작용을 하는 능력을 잃고 심지어 물리적인 움직임조차 줄인다.

그렇다면 **주의력이 잘못된 방향으로 향하는 원인이 불안**이라면 어떨까?

세상의 모든 존재는 에너지와 생명력을 갖고 태어나고, 이를 자신의 목표를 달성하는 데 도움을 주는 행동으로 전환한다. 이 에너지를 이용해 문제를 해결하고, 역경을 극복하고, 새로운 것들을 창조해 내며, 학습을 강화하고, 궁극적으로는 삶에서 이루고자 하는 바를 성취한다. 하지만 때로는 이 에너지가 내면으로 향해 그곳에 갇혀 무한히 돌고 돌기를 반복할 뿐 그 무엇에도 이르지 못하는 경우도 있다.

사회적으로 불안한 사람에게는 호기심이라는 마음 상태가 약으로 작용한다. 자신의 머릿속에서 벗어나 세상으로 다시 돌아갈 수 있게 해주는데, 그렇게 세상에서 행동하고, 참여하고, 학습하고, 창조하고, 소통하는 것을 시작할 수 있다. 실로 몇몇 이론가들은 세상과 단절하는 행위는 우울증과 불안의 증상이 아니라 원인이라고 주장한다. 다시 말해 세상과 건강한 방식으로 교류하는 법을 잊었기 때문에 우울하거나 불안하다는 것이다.

앞서 우리는 사후 반추의 사례를 접했다. 사실 개인이 어떠한 상호작용에서 진정한 교류를 하지 못했을 때 이러한 반추가 나타나기 쉽다. 불안한 사람들은 "50가지의 걱정거리만큼 뒤처진 삶을 사는" 경향이 있다. 이들은 뜬눈으로 밤을 지새우는데, 지금 현재 느끼는 피로감이나 침대의 안락함에 집중하지 못하고 어제 파티에서 자신이 얼마나 불안했는지를 생각하기 때문이다. 하지만 이들이 어제 그 파티에서 불안했던 이유는 바로 파티에, 즉 현재에 집중하지 못하고, 자신이 느끼는 불안감과 조금 전에 있었던 불쾌한 일을 거듭 떠올렸던 탓이다.

따라서 두 가지 문제를 들 수 있다.

1. 불안은 현재의 순간에 집중하지 못하게 만든다.
2. 불안은 당신을 다른 장소에 가둔다. 가령 과거나 미래, 어쩌면 실제로는 존재하지 않는 가상의 어느 공간에 말이다.

고통스러운 하나의 피드백 고리를 만든 셈이다. 현재에 몰입하지 않기에 눈앞의 타인이나 상황과 교류하지 않는다. 이로 인해 사후 반추가 벌어지고, 사후 반추를 하는 동안에는 다시금 현재의 순간에서 멀어진다. 그렇게 당신은 계속해서 50가지의 걱정거리만큼 뒤처진다.

이 사이클을 끊어내는 방법은 당신의 주의력을 원래 있어야 할 곳으로, 즉 현실로 되돌리는 것이다. 당신 본연의 모습으로, 타인이 무엇을 당신에게 공유하든 지나치게 생각하지 않고 자연스럽고도 즉흥적으로 반응하는 것이다. 머릿속에 떠오르는 말을 내뱉고, 대화에 완전히 몰입하며, 당신의 주의력을 오롯이 상대에게 집중한다. 이토록 당신의 마음을 사로잡는 대화는, 당신을 심취하게 하는 대화는 난생처음인 것처럼 상대와 교류한다. 어쩌면 스스로 적절하다고 여기는 선을 넘어봐야겠다는 생각이 들지도 모른다. 색다르거나 예상치 못한 또는 조금은 위험한 발언도 해볼 수 있다. 어떤 말을 해야 할지 너무 고심하지 않고 그저 떠오르는 대로 말하는 것이다.

- 건조한 사실들을 말하는 것이 아니라 "느낌을 말하는 feeling talk" 방식으로 대화한다.
- 자신의 의견을 전한다.

- 칭찬을 들었을 때는 이를 즐기고 받아들인다. 그 칭찬 덕분에 당신이 기뻐하는 모습을 상대에게 보여준다.
- 마음에 들지 않거나 동의하지 않는 것이 있을 때는 솔직히 밝힌다. 너무 힘주어 말할 필요는 없다. 그저 당신의 생각을 전하면 된다.
- 하고 싶은 말을 꾹 참지 않는다.

사회적으로 불안을 느끼는 사람들은 스스로를 검열하고 감시하는 데 소중한 에너지와 시간을 낭비한다. 사람들이 나를 지루하다고 생각할까? 지금 내 얼굴이 어떻지? 사람들이 내게 호감을 갖고 있나? 앉은 자세가 이상한가? 조금 전 농담을 재미있어했을까?

그 대신, 이 에너지와 주의력을 주변 환경의 대상에게 돌린다. 상대는 지금 무슨 이야기를 하고 있는가? 상대의 눈을 들여다보고 그 메시지를, 즉 내용과 감정은 물론 상대가 우회적으로 전달하고자 하는 미묘한 의미들까지 온전히 받아들인다. 자신이 무슨 이야기를 할 것인지 생각하지 말고, 현재의 순간에 빠져들고 몰입하며 이것이 얼마나 충만한 경험인지를 느낀다. 래브라도 강아지를 역할 모델로 삼아 호기심을 발휘하고 ― 어쩌면 지나치게 참견이 심하다 싶을 정도로 말이다! ― 질문도 많이 건넨다.

호기심과 불안은 공존할 수 없다는 데 비결이 있다. 환경을 탐험하는 행동은 *다가가는* "접근 행동approach behavior"이고, 불안은 멀어지는 "후퇴 행동retreat behavior"이다. 주변에 어떠한 위험이 도사리고 있을지 불안해하고 걱정하는 행동은 환경을 탐험하는 것이 아니라 환경으로부터 자신을 지키는 행동이다.

몇 가지 팁이 더 있다.

경외감을 불러오는 대상을 찾아본다

하루 정도 날을 잡아 "경외감을 불러오는 대상 찾기" 여정을 떠난다. 카메라나 휴대전화를 챙기고 호기심 렌즈를 장착했다고 상상한다면, 당신이 보는 모든 것들이 새롭고 흥미롭게 다가올 것이다. 아름다운 무언가가, 경외심과 호기심을 자극하고 웃음을 짓게 하는 무언가가 있을까? 우리의 마음을 사로잡는 대상들은 여기, 현재에 존재하고, 우리는 이 대상들에 몰입할 때 과거의 일에 대한 걱정이나 미래에 대한 두려움에 몰입하지 않게 된다.

능숙해지면 이러한 사고방식을 사회적 상황에 적용해 본다. 사람들로 북적이는 공간에 들어갔을 때 의식적으로 스스로에게 이렇게 말한다. "와, 이렇게 흥미로운 사람들이 가득하다니!" "이렇게 멋진 주제에 대해 이야기하다니!" 물론 처음에는 100퍼센트 진심을 담아 이런 생각을 떠올리지는 못하겠지만, 그럼에도 이것은 위협을 기회로 보도록 시각을 전환하는 데 도움을 준다.

불안에는 일종의 운명론 같은 것이 작용한다. 창의성이 부족하다는 의미다. 두려움을 느낄 때 우리는 최악의 상황이 펼쳐질 것이라는, 가장 달갑지 않은 해석이 사실일 거라는 직감 같은 것에 의존한다. 하지만 이런 사고방식은 앞으로 펼쳐질 수 있는 경이로운 일들의 가능성 일체를 완벽히 차단한다. 실로 어떤 일이든 벌어질 수 있고, 앞으로 어떤 상황이 펼쳐질지 우리가 늘 아는 것도 아니다. "나는 실패할 거야" "사람들이 날 싫어할 거야"라는 식의 (지루한 결과를 예정하는) 태도에서 "이제… 어떤 일들이 펼쳐질까?"라는 더욱 열린 태도로, 경이로움을 맞이하는 태도로 전환하는 노력을 기울여야 한다. 이러한 태도는 불확실성과 개방성을 즐거운 대상으로 심지어 흥미진진한 대상으로 전환한다.

공감 어린 호기심을 발휘한다

타인을 상대하는 기술이 뛰어난 사람들은 인간을 끝없는 경이로움의 대상으로 바라보는 법을 배운 이들이다. 정말 그렇다! 이들은 모든 사람을 대체로 좋아하는 것이 아니라, 타인에게서 놀라운 무언가를 찾을 의지가 있는 것이다. 누구나 친절하고 유쾌하며 흥미로운 면이 있고, 즐거움과 영감을 줄 충분한 가능성이 있다고 본다. 상대에게서 곧장 연결감을 느끼지 못할 때조차 좋은 감정을 나눌 가능성이 있다고 믿는다.

한편 사회적으로 불안한 사람들은 타인에게 이러한 기회를 주지 않는다. 사람들은 비판적이고 어려우며 지극히 낯선 대상이라는 확신을 갖고 이미 결론을 낸 상태다. 자신의 추정이 옳은지 확인조차 하지 않은 채 낯선 사람들이 어떠한 생각을 하고 있다고 믿은 다음, 그 생각이 대단히도 비판적이고 가혹할 거라고 상상한다. 아직 일어나지도 않은 사회적 상호작용을 평가하는 것이다.

공감 어린 호기심은 불안에서 비롯된, 타인을 향한 추정에 맞설 수 있게 해준다. 결론을 부정적으로 속단하기보다는 타인의 생각과 감정을 궁금하게 여기고 저마다의 경험이 다르다는 사실을 인정해야 한다. 당신은 한 번도 해보지 않은 생각을 다른 누군가는 할 수도 있다고 인정할 줄 알아야 한다. 상대방은 당신이 배울 만한 흥미로운 생각들을 갖고 있고, 또 당신에 대해 진심으로 더욱 많이 알아가고 싶어 할 수도 있다는 가능성에 열려있어야 한다.

새로운 사람들과 교류하는 데 불안을 느낀다면 이들이 어떤 삶을 살고 있고 어떤 감정을 느끼는지 궁금해하며 공감 어린 호기심을 발휘해 볼 수 있다. 자신만의 내적 반추에서 벗어나 교류하는 것이다. 이러한 교류를 통해 어쩌면 자신의 추측 다수가 사실 아무런 근거가 없는 이야기라는 것을 깨닫게 될 수 있다. 그저 자신의 관점에만 머무른다면 자신의 추정과 현실이 어떻게 다른지 확인해 볼 기회를 스스로 앗아가는 것이다.

감정 탐정이 된다

감정 탐정처럼 접근한다면 불안이 유발한 비극적인 신념들에 맞서 싸울 수 있다. 자신의 불안한 생각에 반하는 근거를 의도적으로 찾고 상황에 대한 다른 설명을 고려한다. 머릿속의 불안한 자기 대화 목소리를 법정 "증인석에 세워" 질문한다. 그 근거가 어디에 있는가? 자기 대화의 목소리가 하는 말이 엄격한 사실인가?

어떠한 사회적 상황에 불안을 느낀다면 당신의 두려움을 뒷받침할 구체적인 증거가 무엇인지 스스로에게 물으며 자신이 갖고 있는 신념에 이의를 제기한다. 예상했던 것과 달리 뜻밖의 방향으로 또는 긍정적으로 흘러갔던 사회적 상황들을 떠올려본다. 대부분은 인지행동치료 CBT, Cognitive Behavioral Therapy(개인의 심리적 문제 및 치유를 인지/정서적 관점으로 접근하는 이론 — 옮긴이)의 원칙들에 익숙할 것이기 때문에, 우리의 생각과 믿음이 왜곡되거나 사실과 다를 수 있다는 것 정도는 알 것이다. 다만 우리의 감정 또한 왜곡되기도 한다. 많은 사람이 모인 큰 집단에서 당신이 배척당하는 것처럼 느낄 수 있다. 다만 이 느낌이라는 것은 잠시 배제하고, 당신이 배척당하는 것은 정말 사실일까? 소속감이 없다고 느끼는 것이 객관적으로 사람들에게서 거부당했다는 의미일까? 아니, 애초에 "큰 집단"이라는 게 맞기나 한 걸까?

자기 연민으로 반추의 순간을 알아챈다

자기 연민의 시각으로 자신이 갖고 있는 두려움과 걱정의 실체에 호기심을 갖고 접근한다. 어떠한 판단도 없이 불안한 감정을 있는 그대로 인정하고, 불안의 기저에 자리한 진짜 이유들을 탐험하는 것이다.

모임에 참석하는 데 불안을 느낀다면 자기 연민을 발휘해 손을 심장 부근에 대고 감정에 온전히 귀를 기울인다. "정서적 온도emotional temperature"를 재고 자신의 생각을 가만히 들여다보며 그 안에 무엇이 자리하는지 살핀다. 자신이 "가져야 하는" 생각이

나 감정을 품지 않았다고 비난하는 것이 아니라 의식을 키워나가고자 함이다.

사회적으로 불안한 사람들 중에는 자기 인식이 상당히 높다고 오해하는 이들이 많다. 사실 이들은 자신을 의식하는 것이다. 내면에 매몰되면 세상에서 벌어지는 일에 대한 인식이 낮아진다. 하지만 자신의 머릿속에서 벌어지는 일에 대단히 집중하고 있다고 해서 머릿속의 생각들을 잘 다룬다는 뜻은 아니다.

자기 연민에는 어느 정도 자신을 허용하는 마음이 필요하다. 자기 연민은 자신이 안절부절못하며 반추하는 순간을 알아채는 것이다. 이때는 자기 자신에게 이렇게 말한다. "이것 봐, 나 또 반추하고 있어. 괜찮아. 내 주의력을 지금 바깥 세계로 다시 돌리려고 하고 있으니까." 이렇게만 하면 된다. 자기 연민이란 자신의 주의력이 잘못된 방향으로 향하거나 부정적인 자기 대화에 취했을 때 그 상태를 침착하고도 관대한 무관심으로 대하는 것이다. 불안을 느낀다고 자책하지 않는 게 중요하다. 대신 생각 과잉에 빠져 있음을 인식했을 때 이를 알아챈 것을 기뻐하고, 마음속으로 미소를 지으며 다시 현재의 순간으로 스스로를 조심스럽게 데려온다. 자신에게 친절을 발휘하고, 알아차림의 순간을 가치 있게 여기되, 앞서 인식의 부재로 생각 과잉에 빠졌던 일은 비판하지 않는다.

이제부터는 스트레스가 높아질 수 있는 상황에 놓였을 때, 자신의 주의력과 인식을 내면의 반추에서 밖의 세상으로 의도적으로 데려가는 작은 게임을 한번 해보길 바란다. 모든 것을 신기해하며 이리저리 냄새를 맡고 다니는 작은 강아지가 돼보는 거다. 사람들의 눈을 들여다보고, 흥미롭거나 매력적이거나 재밌거나 호기심을 자극하는 무언가가 있는지 살피고 또 그 뒤를 쫓는다! 이렇게 한다면 어떠한 상황이 종료된 후에 다시 그 상황을 복기하며 어떤 일이 있었는지 반추하려는 심리가 훨씬 덜해질 것이다. "다시 돌아갈" 필요가 없다. 그 일이 벌어졌던 그 순간에 당신이 *자리*했기 때문이다.

반대로 행동한다

불안할 때 우리는 위협을 당했을 때처럼 도피하거나 회피하고, 벗어날 수 없는 경우라면 몸을 낮추고는 방어 자세를 취한다. 정말로 위험한 대상을 마주했다면 좋은 전략이지만, 위협이라고 단순히 *지각*만 한 상황이라면 그리 도움이 되지 않는다.

불안한 사람들은 이 상황에서 도피성 행동을 하는 경향이 있다. 불편함을 유발한다고 생각되는 상황에서 벗어나고 싶어 하고, 결국에는 불편함이라는 감정 그 자체에서 달아나려 한다. 이들은 안전함을 찾는다. 두려워하는 일을 회피한다면 불안에서 벗어나는 셈이니 마음이 편안해질 수는 있지만, 이때 이들은 두려움을 느낄 만한 무언가가 진짜 있다고 스스로에게 가르치며 잘못된 인식을 더욱 강화하고 있는 것이다.

이를 끊어내려면 반대로 행동해야 한다! "자신의 두려움을 마주하는"것은 당신이 가장 원치 않는 일이겠지만, 그렇게 해야만 어떠한 상황을 두고 자신이 처음 내린 평가가 부정확했다는 사실을 깨달을 수 있기 때문에 반드시 필요한 일이다.

이 반대 행동을 통해 당신은 새로운 방식으로 세상과 교류할 수 있다. 자신의 추정에 반하는 새로운 경험을 쌓아나갈 기회를 얻을 수 있다. 이를테면 "나는 사람들과 어울리는 게 너무 싫어. 늘 어색하기만 해"라는 신념이 있을 수 있다. 이 신념에 도전하지 않는다면 계속해서 이러한 생각을 품고 사람들과 어울리는 일을 두렵고 불쾌한 일로 여기며, 그러한 상황을 피하는 편이 더 편안하다는 믿음을 이어갈 것이다. 하지만 조금씩 스스로를 밀어붙이며 사람들과 어울려본다면 그리 싫지만은 않은 일화들을 쌓아나가기 시작할 것이고, 어색함은커녕 도리어 대단히 편안함을 느끼는 순간들을 경험하기 시작한다. 그렇게 점차 신념이 달라진다.

반대 행동의 핵심은 말 그대로 당신을 불편하게 한다는 데 있다.

사교 모임을 취소하고 집에 머물며 생각 과잉에 매몰되고 싶다면, 일단 집 밖으로 나간다.

상점 안이 너무 북적이는 것 같아 쇼핑을 포기하고 집으로 돌아가고 싶다면, 도리어 상점 안으로 들어가 쇼핑을 마친다.

공항에서 온갖 복잡한 일들에 시달리느니 휴가를 취소하고 싶다면, 계획을 세우고 비행기에 올라야 한다.

반대 행동이야말로 아무런 위험도 존재하지 않는다는 사실을 스스로 납득할 수 있는 유일한 방법이다. 다시 한번 말하지만, 신념에 반하는 행동을 한다는 것이 불편하게 느껴지겠지만 — 그 행동을 하는 내내 비명을 지르며 발버둥을 치는 기분이 들기도 하겠지만 — 그럼에도 하는 거다. 그 과정이 쉬워야만 하는 것도, 당신이 좋아해야만 하는 것도 아니다. 스스로가 안쓰러운 기분이 들고, 머릿속에는 그 일을 정말 진심으로 할 수 없는 수백만 개의 변명과 합리화가 떠오르겠지만 그래도 하는 거다. 그런 뒤, 다 끝마치고 나면 잠시 멈춰 스스로에게 묻는다. 정말 그 정도로 나쁜 경험이었는가? 잘 대처해 나갔는가? 막상 시작하고 나니 생각보다 할만하다고 느끼지는 않았는가?

이 전략의 목표는 사실 당신이 만들어낸 변명이 그저 회피에 불과했다는 것을 깨닫게 하는 것이다.

잠시 물러나 스스로에게 어떤 이야기들을 들려주고 있는지 인식해 본다. 불안이 대단히 뚜렷하고도 오랫동안 내재화되어 있는 경우, 사람들은 아주 그럴듯한 변명을 대며 타인에게 자신의 신념을 납득시킨다. 가령 광장공포증이 있는 이들은 집 밖을 한번 나가보라는 제안을 받으면 그런 발언은 괴롭힘과 같고, 자신을 아무도 이해하지 못하며, 사람들이 자신에게 너무도 잔인하게 굴고, 외출하지 않는 데 얼마나 타당한 이유가 있는지 아무도 이해하지 못한다는 식으로 모든 제안을 차단한다. 하지만 타인을 속일 수 있을지는 몰라도 스스로를 속이지는 말아야 한다! 몸이 아프다거나 해야 할 일이 있다는 등 변명을 만들어낼 수는 있겠지만, 스스로에게는 솔직해야 한다. 타인을 위해서가 아니라 자기 자신을 위해서, 자신의 변명에 조금씩 도전해 보자.

인지행동치료에서는 **생각, 행동, 감정이 서로 영향을 주고받는다**고 본다. 하나를 바꾸면 다른 두 가지도 변화할 수 있다. 즉 행동을 바꾸면 생각과 감정도 이에 영향을 받을 수밖에 없다는 것이다. 불안이 찾아올 때 우리는 가만히 앉아 기분이 나아질 때까지 기다리며 생각과 감정이 준비가 되어야 행동할 수 있다고 생각한다. 하지만 그 순서가 달라질 수 있다. 우선 행동함으로써 우리가 원하는 생각과 감정을 점차 만들어나갈 수 있다.

직관에 반하는 이야기처럼 느껴지겠지만, 정말 효과가 있다. 불안을 느낄 때, 불안에 따른 행동을 하면 불안이 더욱 커질 뿐이다. 반면에 감정에 반하는 행동을 하면 불안이 낮아진다. 반대 행동이 어떻게 진행되는지 단계별로 살펴보도록 하자.

1단계: 지금 생각과 감정이 당신에게 유익한지 묻는다

어떠한 감정이든 존재하는 이유가 있다. 감정은 당신의 안전을 지키고 가치 중심의 행동을 취하도록 당신에게 영감을 준다. 하지만 모든 감정이 유용하지는 않다. 어떤 감정은 그저 우리를 가로막는다. 그러니 잠시 멈춰 당신이 경험하는 감정이 어느 쪽인지를 살핀다. 지금 이 상황에 적절한 감정인가? 어떤 식으로든 당신의 목표에 가까워질 수 있도록 도와주는가?

실로 지금 감정이 당신에게 도움이 된다고 결론 내릴 수도 있다(가령 분노는 당신의 안전을 지키는 경계를 설정해 주므로 도움이 될 수 있다). 하지만 솔직히 판단해 감정이 당신에게 도움이 되지 않는다면 이때는 반대 행동이 효과가 있을 수 있다.

2단계: 자신의 충동을 파악한다

감정은 우리를 행동하게 만든다. 그렇다면 지금 그 감정은 당신에게 무엇을 *하라고* 말하고 있는가? 사회적 불안은 도망이나 회피, 도피, 후퇴, 은신, 차단이라는 행동으로 이어질 때가 많다. 어떠한 충동인지를 인식하고 그 실체를 명확하게 파악한다.

3단계: 충동에 반대되는 행동을 *제대로* 해낸다

중요한 이야기다. 감정에 반대되는 행동이 아니라 충동에, 즉 어떠한 *행위* 또는 구체적인 선택에 반하는 행동을 하는 것이다. 충동은 야외 행사 참석을 취소하거나, 어려운 대화를 피하거나, 자신의 감정을 속이거나, 하고 싶은 말을 꾹 참거나, 너무도 바랐던 승진 기회를 고사하거나, 나흘 동안 이메일 답장을 미루는 게 될 수 있다.

그렇다면 어떠한 충동이 이는지를 보고 이에 반대되는 행동을 한다. 야외 행사에 참석하고, 어려운 대화를 나누고, 당신이 지금 어떤 기분을 느끼는지 솔직하게 공유하고, 당당히 진심을 밝히고, 승진 기회를 받아들이고, 곧장 이메일에 답장하는 것이다. 이때는 어영부영하는 식이 아니라 제대로 해야 한다. 상술한 행위들 중 어느 것도 그 자체로 좋거나 나쁘지 않다는 사실을 짚고 넘어가겠다. 가령 어떤 이들에게는 모임에 참석하는 것이 도피성 충동에 속하고, 이들의 반대 행동이란 집에 머물며 자신이 회피하려 하는 대상을 마주하는 것이 될 테다.

4단계: 반대 행동에 도전해 보고, 그 후 재평가한다

반대 행동을 꼭 해내겠다는 마음으로 제대로 된 시도를 해보길 바란다. 두려움을 느껴서 약간의 타협을 하고 싶다는 마음이 들어도 괜찮다. 이를테면 파티 참석을 취소하고 아예 가지도 않고 싶다는 충동이 일 수 있다. 이에 대한 반대 행동으로 파티에 가되 한 시간 정도만 머물거나, 정말 겁이 날 때는 30분 정도만 있는 것으로 조정할 수 있다. 하지만 결정을 하고 나면 스스로와 약속하고 끝까지 완수해야 한다.

핵심은 자책하지 않고(자책하면 오히려 그 일이 부정적이라는 생각만 더욱 굳건하게 새겨진다) 불안 외에도 다른 무언가를 경험할 기회를 스스로에게 준다는 태도다. 파티에서 돌아온 후 자신의 감정이 어떤지 주목한다. 파티에 가기 전과는 조금 다른 감정을 느끼는가? 파티가 당신이 상상했던 바와 다르게 흘러갔는가? 파티에 대한 자신의 신념, 생각, 감정 들을 살펴보고 조금의 변화도 없는지 생각해 본다.

하룻밤 사이에 갑자기 사교적이고 외향적인 사람으로 변하지는 않겠지만, 사실 별 도움도 되지 않았던 왜곡된 신념과 생각들에 조금씩 균열이 가기 시작할 *것이다*. 다음번에도 "나는 사람들과 어울리는 게 너무 싫어. 늘 어색하기만 해…"라는 생각이 들지도 모르겠지만 어쩌면 예전만큼 그 말을 믿지 않게 될 수도 있다.

반대 행동이 그 자체로 가진 힘

파티에 참석하는 것을 힘들어하는 당신은 위에 적힌 단계를 모두

따르고자 노력했다. 그래서 파티에 갔지만⋯ 별로였다.

이제 어떻게 해야 할까?

이 훈련의 핵심은 당신에게 어떠한 감정을 강요하겠다는 게 아니다. 회피하고 도피하려는 충동을 무너뜨리는 데, 즉 당신의 감정이 아니라 행동을 바꾸는 데 있다. 그런 의미에서 당신이 집을 나서 파티에 향하는 것만으로도 실험은 성공적이라 할 수 있고, 파티에서의 경험은 부차적인 문제다.

이 훈련의 또 다른 핵심은 주변 환경을 향해 현실적이고 건강한 태도를 함양하는 데 있다. 솔직히 말하자면 바깥 세계가 일면 지루하거나 어렵고 스트레스를 주며 불쾌할 때도 있다. 사람들과 그리 공통점이 많지 않을까 봐 걱정하고, 그 걱정이 현실이 되는 경우도 있다. 하지만 그것이 외부와, 타인과 상호작용을 해서는 안 된다는 의미는 아니다.

사회적 상호작용이 불쾌하고 당신이 바랬던 것처럼 흘러가지 않았다 해도 상호작용은 위험한 대상도, 위협도 아니라는 사실을 스스로에게 가르쳐주어야 한다. 다시 말해 상호작용은 나 자신을 지키기 위해 능동적으로 회피해야 하는 대상이 아니라는 뜻이다. 날씨와 비슷하다고 볼 수 있다. 갑자기 비가 쏟아지기도 하지만 그것이 절대로 밖에 나가서는 안 된다는 의미가 아니듯, 우리가 상호작용을 하고 싶은 멋진 대상이 바깥세상에 존재하지 않을 거라고 생각해서는 안 된다.

진정으로 불쾌한 사회적 상황을 경험 중이라면 그 기회를 놓치지 않길 바란다. 당신의 감정에서 도피하지 않고 온전히 그 감정과 함께할 기회가 마련된 셈이니까. 이 경험이 즐겁지 않다면 즐기지 않아도 된다. 다만 내면으로 파고들어 자신이 무슨 실수를 했는지 고민하거나 마음에 걸리는 일을 두고 자책해서는 안 된다. 그저 어떤 감정을 느끼는지 의식하고, 수용하고, 넘어간다. 가끔씩 사회적 상황이 어렵거나 지루하*더라도*, 이를 도망치거나 회피해야 하는 상황으로 인식하지 않는 게 핵심이다.

이후 집에 온 당신은 어쩌면 자신의 신념을 조정하게 될지도 모른다. "이런 식의 지루한 모임은 정말 싫지만 상황이 어떻게 흘러가게 될지는 아무도 모르는 일이잖아. 뭐, 그래. 나도 사람들과 어울리는 자리를 전부 다 싫어하는 건 아니니까, 어쩌면 다음번에는 더 즐거운 시간을 보낼지도 몰라."

이런 점에서 사회적 지능이 높고 자기 조절에 능한 사람들은 실망과 불편함을 처리하는 데 전문가들이다. 이들은 불쾌함을 느끼지만 그것을 일반화시키지 않고, 본인이나 타인에게 어떠한 문제가 있다는 의미로 받아들이지도 않으며, 향후 피해야 할 위협으로 인식하지도 않는다.

초심자를 위한 작은 팁

즉흥적이고도 진정성 있게 상황을 경험하고 자신의 진짜 감정을 드러낼 수 있을 때 사회적 상황을 훨씬 더 즐겁게 느낄 수 있다. 예컨대 피곤할 때는 일부러 활기찬 것처럼 행동하지 않아도 된다. 대화가 지루하게 느껴지면 솔직히 의견을 전하고 당신이 흥미를 느끼는 주제에 대해 이야기를 나눠본다. 당신의 이야기를 경청하지 않는 것 같을 때는 조금 더 단호한 태도를 취하고 다른 사람들이 당신의 말을 자르거나 방해하지 않도록 한다.

이런 식으로 — 단호하고 솔직하게 — 교류한다면 타인과의 시간을 훨씬 더 즐겁게 느낄 수도 있다. 어쩌면 당신이 피하고자 했던 것은 어떤 척을 하며 노력을 쏟는 그 행위였을지도 모른다.

내면의 비평가에게
도전한다

지금쯤이면 부정적인 "내면의 목소리"라는 개념에 어느 정도는 익숙해졌을 테고 이 목소리가 들려주는 이야기가 늘 사실은 아니라는 것도, 우리에게 항상 최선의 이익을 보장하지 않는다는 것도 알게 되었을 것이다. 하지만 이 개념은 인지적으로는 이해하기가 쉽지만, 내면의 비평가inner critic의 목소리를 인식하는 법을 배우고 이 목소리가 당신의 일부가 아니라는 점을, 한 걸음 떨어져 외부에서 봐야 할 대상임을 점진적으로 깨닫는 데는 훈련이 필요하다.

　내면의 비평가를 인지하는 것은 그 자체로 물론 유용하지만, 그로부터 진정으로 심리적 거리를 두는 경험을 해야 비로소 변화가 시작된다. 만약 "나는 내면의 목소리 같은 것은 없는데. 나 자신과 대화하지는 않거든"이라고 생각한다면 이미 그 목소리가 전해주는 이야기에 너무나 "귀 기울인" 나머지 목소리의 존재조차 인식하지 못하고 있는 것이다. 현실을 중도적으로 평가하고 있다고 오해하고 있다.

내면가족체계 Internal Family Systems라는 치료 모델에서는 개인을 작은 일부로 이루어진 하나의 커뮤니티, 즉 가족과 비슷한 개념으로 본다. 우리 안의 어떤 부분은 다른 부분을 돌보는 역할을 하고, 조금 더 용감한 성격을 지닌 부분도 있고… 어떤 부분은 다른 부분들을 비난하고 평가한다. 당신 안의 어떤 부분이 다른 부분을 적극적으로 괴롭히고 학대한다면 심각한 문제가 된다!

내면의 비평가가 존재하는 이유가 있다. 내면화된 부모의 목소리와 비슷하다. 당신을 안전하게 지키고, 위험과 수치심, 상실을 경험하지 않도록 노력하는 역할이다. 그 나름대로는 당신을 정말 도우려고 한다. 내면의 비평가가 하는 말에는 아주 작은 진실과 이로움이 담겨있기도 하니까. 이 내면의 비평가 없이는 제대로 기능할 수 없다는 믿음을 상당히 오래 품은 채 삶을 살아가기도 한다. "이 비평가가 없다면 절제력을/용기를/생산성을/조심성을 어떻게 발휘할 수 있겠어?"라고 생각할 수도 있다.

하지만 사회적으로 불안한 사람들은 흑백논리, 이분법적 사고에 빠질 때가 많고, 이러한 사고방식으로 어떠한 생각들을 아무런 의심 없이 받아들인다. "나는 나 자신을 평가하고 비판하고 혐오해" 아니면 "나는 오만한 나르시시스트 또는 게으른 사람, 이기적인 사람이야"라는 식이다. 여기서 왜곡은 극단적인 해석이 아니라 세상에는 단 두 가지의 해석밖에 없다는 잘못된 믿음이다.

예를 들자면, 호감을 느끼는 누군가와 대화를 시작하고 싶지만 내면의 비평가가 "그만둬. 네가 넘볼 수 있는 상대가 아니야. 우스운 꼴만 당할 거야. 온통 어색하고 이상하게만 굴겠지"라고 말한다. 이제 이 목소리를 인식하게 되었고 이에 맞서기로 결심했다고 생각해 보자. 유명한 연애 기술 자기계발서를 읽고 이성에게 호평을 받는 사람들을 연구하기 시작한다. 부정적인 자기 대화를 다음과 같이 바꾸겠다고 마음먹는다. "나는 멋진 사람이고, 내가 관심을 보이는 것만으로도 그들은 행운인 거야. 나는 이미 나라는 사람의 가치에 상당히 자부심이 있어서 다른 누가 필요하지 않아. 나는 천하무적이라고."

이제 당신을 주눅 들게 했던 이성에게 다가가 마침내 대화를 시작하지만… 상대는 당신에게 관심을 보이지 않는다. 이제 어떻게 해야 할까?

"내면의 비평가에게 맞서라"라는 말을 두려움과 조심성, 의심 등 이 모든 것들을 끝없는 낙관성으로 대체하라는 의미로 생각하는 사람들이 너무도 많다. 다시 말하자면 "나는 루저야"라는 생각을 "나는 정말 멋진 사람이야"로 대체해야 한다고 말이다. 하지만 이는 단순히 하나의 인지 왜곡을 다른 인지 왜곡으로 전환하는 것에 불과하다.

내면의 비평가를 당신이 계속해서 맞서 싸워야 하는 대상으로 보기보다는 이 비평가가 무슨 이야기를 하든 대화 상대로 여겨야 한다. 목표는 무슨 일이 있어도 낙관적 또는 "긍정적" 태도를 함양하는 게 아니다. 합리적이고 이성적이며 유익하고 건강한 마음가짐을 취하는 것이 목표다. 그 마음가짐이 현실에 부합할수록 현실에 더욱 적응적이고, 역동적이고, 현명하게 대응할 수 있다. 이러한 마음가짐을 가져야 하는 이유는 간단하다. 실제로 유용하면서 오래 유지될 확률이 높기 때문이다! 텅 빈 자기 긍정으로 내면의 비평가에게 반박하려 했던 적이 있는 사람이라면 누구나 그 긍정성이 현실 세계에서는 얼마나 무용한지를 알고 있을 것이다.

현실에는 불편한 진실이 여럿 있는데, 그중 하나는 합당한 이유가 없어도, 심지어 아무 이유 없이 누군가 당신을 그저 싫어할 수 있다는 것이다. 사람들에게서 거부당하거나 당신이 실망감을 경험할 일도 있을 것이다. 자신감이 있다 해도 의심이나 수치심, 혼란이 찾아오는 순간을 필연적으로 경험하게 될 것이다. 건강한 마음가짐은 이렇듯 인간의 불가피한 경험들을 품위 있고 유연하게 헤쳐나갈 수 있게 해준다. 이러한 순간들을 완전히 피하거나, 존재하지 않는 것처럼 무시하도록 도와주는 게 아니다.

내면의 목소리와 지혜롭게 대화하는 법

1단계: 알아차린다

그 어떤 평가도 없이(비판 또는 긍정 없이), 그저 당신의 행위, 생각, 감정을 인식한다. 자기 자신에게 들려주는 말을 곧이듣는다. 내면의 비평가는 당신의 귓가에 속삭이는 작은 천사나 악마가 그렇듯 정확한 문법과 완전한 문장으로 이야기하지 않는다. 이미지나 아이디어, 흐릿한 느낌과 추정, 신념, 섣부른 결론에 가까울 때도 있다. 이를 그저 호기심을 갖고 알아차린다. 언제 그 목소리가 들리는가? 당신이 아는 또는 알았던 누군가가 떠오르는가?

2단계: 질문을 한다

"비이성적인 생각"을 발견하고 이를 곧장 이성적인 생각으로 짓밟는 것이 목표가 아니다. 그 태도나 일련의 신념들을 또는 생각들을 사람이라고 상상하는 것이 목표다. 저녁 식사를 하러 당신의 집에 온 사람으로 말이다. 당신은 그와 함께 식탁에 앉아 대화를 나눈다. 다음의 두 가지 질문을 할 수 있다.

1. 내게 하려는 말이 뭐야?
2. 내가 네 말을 듣지 않으면 네가 걱정하는 그 일이 벌어지는 거야?

대부분의 경우 이 질문으로 이 친구가 당신의 **두려움**에서 탄생했고 당신을 보호하려 한다는 사실을 알 수 있을 것이다. 당신을 지키려는 그 노력을 이해심과 연민으로 바라본다. 이내 당신은 부정적인 내면의 목소리는 격파해야 할 적이 아니라 해결해야 할 오해라는 것을 알게 될 것이다. 내면의 목소리가 지각한 위협은 실제로 현실에 어느 정도 기반한 것일 수도 있지만, 그 목소리를 제대로 이해하려면 명료함과 연민, 호기심으로 목소리가 전해주는 이야기를 하나씩 해체해 나가는 수밖에 없다.

3단계: 내면의 비평가에게 감사함을 전하고⋯ 이제 다른 의견도 구한다

내면의 목소리가 당신에게 말을 걸어올 때면 이렇게 말하는 상상을 한다. "고마워. 이야기 잘 들었어. 네가 내 걱정 하는 것도 알고 도와주려는 마음도 알아. 나를 보살펴 줘서 고마워." 내면가족체계에 따르면 당신 안의 그 일부에게 이제 그만 물러나 달라고 요구하는 한편 다른 부분에게 앞으로 나와 주도권을 잡게 할 수 있다. 당신의 내면의 챔피언 Inner Champion을 등장시킬 수도 있다. 당신을 대변하고, 당신의 맹점에 조심스럽지만 단호하게 이의를 제기하며, 문제를 성숙하고도 체계적으로 해결하도록 돕는 목소리다. 그 다른 목소리를 현명한 스승으로 볼지 아니면 합리적이고 지적인 성인, 창의적인 문제 해결사, 응원을 전하는 치어리더로 볼지는 전적으로 당신의 뜻이다.

기존에 있던 내면의 목소리가 이런 이야기를 할 수도 있다. "네가 관심 있는 사람들은 다 네게 너무 과분한 사람들이야. 그만둬. 사람들에게 말을 걸다가는 스스로 우스운 꼴만 자초할 거야. 어차피 부자연스럽고 바보같이 굴걸."

그럼 당신은 잠시 멈춰 이렇게 생각한다. "아하! 내면의 비평가, 너야?"

잠시 멈춰 이를 알아차리기 시작하면 결국에는 그 목소리가 튀어나올 때마다 ― 보통은 사회적 상황에서 ― 그 정체를 바로 알아볼 수 있게 된다. 이 목소리를 침묵시키는 게 아니라 친절함과 호기심을 가지고 정말로 하고자 하는 말이 무엇인지를 되묻는다. 잠깐 대화를 나누는 것이다.

"그들이 너를 거절할 테니까, 그러면 네 기분이 상할 테니까 너한테 가서 대화하지 말라고 하는 거야. 네 기분이 상하는 거 원치 않거든. 아예 대화를 시작조차 하지 않는 게 낫다고."

"고마워, 내면의 비평가. 네가 나를 도우려고 한다는 점은 알겠어. 내가 상처받지 않았으면 하는 거잖아. 하지만 정말 내가 가서 말을 걸면 그들이 나를 거절할까?"

"당연히 거절하지! 그럼 너는 너무 큰 상처를 받게 될 거고 영영 회복하지 못할 거야."

"흠. 내가 지금껏 수없이 들어온 인지 왜곡과 비슷한 느낌인데. 내면의 현자 생각은 어떤지 한번 물어보고 올게."

"내 생각? 뭐, 현실적으로 생각해 보자고. 타인이 내게 관심이 있는지를 알려면 직접 가서 이야기해 보는 수밖에 없잖아? 상대가 네게 관심이 없을 가능성도 있지. 하지만 이봐, 뭘 그렇게 스트레스를 받는 거야? 그냥 긴장을 풀고 대화해 봐. 결혼을 하자는 것도 아니고, 그냥 이야기를 시작하고 질문도 하면서 어떻게 흘러가는지 보면 되잖아. 상대를 좀 더 깊이 알아가는 거지."

"그렇게 말하니까 별일 아닌 것 같네. 하지만 내가 거절당하면 어떡하지?"

"뭐, 그럴 수도 있어. 하지만 거절하지 않을 수도 있잖아? 어느 쪽이든 넌 괜찮을 거야."

이렇게 내면의 비평가는 당신의 스승이 된다. 내면의 대화로 교류와 적응의 기회가 열리는 것이다. 내면의 비평가와 대화를 나누는 법을 배우는 동시에 당신 안의 더욱 현명하고 합리적인 일부를 대화에 참여시킴으로써 정서적 자기 조절력을 함양할 수 있다. 보다시피 "긍정적"이거나 "부정적"인 생각들이 전적으로 어떻다는 이야기를 하는 게 아니다. 당신의 환경과 유연하게 교류하는 능력을 미세하게 조정하는 능력이 중요하다는 말을 하는 것이다.

불안을 처리하기 어려운 가장 큰 이유는 불안이 100퍼센트 잘못된 감정이 아니라는 데 있다. 실로 세상은 잠재적 위협과 위험으로 가득하다. 하지만 불안이 사실은 당신을 돕고자 한다는 것을 이해하기 시작하면, 왜곡되거나 유익하지 않은 생각은 선별해서 버리면서도 위기와 위협에 관한 건강하고 균형 있는 평가는 취할 수 있다. 이러한 선별 작업을 하는 당신 안의 일부를 더욱 강화해야 한다. 다음과 같은 질문을 하는 습관을 들일 때 그 일부를 성장시킬 수 있다.

- 사실인가, 지각인가?
- 내가 내린 결론을 뒷받침할 증거가 정말로 있는가?
- 내가 진정 두려워하는 것은 무엇인가?
- 그 일이 정말로 벌어질 확률은 얼마나 되는가?
- 실제로 벌어지면 내 생각만큼 안 좋은가?
- 실제로 벌어지면 내가 감당하지 못할 거라는 말이 정말 사

실인가?

- 지금 불필요하게 나 자신에게 엄격하게 구는 것은 아닌가?
- 이 상황에 대해 내가 잊고 있는 긍정적인 측면이 있는가?
- 내가 지금 추정하고 있는 것인가? 추정을 그만두면 어떤 일이 일어날 것인가?
- 친구 또는 중립적인 제삼자는 이 상황을 어떻게 설명할 것인가?
- 내 인식이 편향된 것인가, 아니면 상황을 명확하게 보고 있는 것인가?
- 더욱 현실적이고, 유익하며, 중립적으로 이 상황을 볼 방법이 있는가?

자기 자신을 수용하라

자신의 불안을 인지하고는 곧장 비난하기 바쁘다면 문제만 더욱 늘어날 뿐이다. 두렵거나, 스스로 가치가 없는 사람처럼 느껴지거나, 슬프거나, 분노를 느낄 때 그런 감정을 느끼는 자신을 평가하는 행위는 상황을 개선하는 데 조금도 도움이 되지 않는다. 사람들이 스스로를 평가하는 가장 큰 이유는 아이러니하게도 실제보다 더욱 행복하고, 더욱 긍정적이고, 더욱 자신감 넘치는 사람으로 보여야 한다는 심리 때문이다.

다음 두 대화를 비교해 보자.

A: "지금 너무 불안해서 그냥 몸을 말고 죽어버렸으면 좋겠어."
B: "바보 같은 소리 하지 마. 두려워할 게 뭐가 있어! 기운 내."

A: "지금 너무 불안해서 그냥 몸을 말고 죽어버렸으면 좋겠어."
B: "그럴 수 있어. 너무 괴롭다고 느낄 만한 상황도 있지. 심호흡하고 한 번에 하나씩 해보는 거야. 너 지금 정말 잘하고 있어."

자기 수용은 자신이 더욱 나은 사람이 되어야 얻는 보상이 아니다. 우리가 택하는 것이다. 우리는 **어떤 상황에서도 인간이라는 무조건적인 가치가 변하지 않는다**는 사실을 마음 깊은 곳에서부터 알고 있다. 우리는 우리가 장점과 단점을 모두 가지고 있다는 것을, 늘 배움의 과정에 있고 불완전하다는 것을 그리고 그것이 괜찮다는 것을 알고 있다.

연민이라는 감정을 가장 근접하게 이해하는 방법은 누군가를 무척이나 사랑할 때 느끼는 감정을 상상해 보는 것이다. 상대의 모든 결점들과 약점들을 떠올린다. 그들이 실수를 저지르기도 하고 때때로 두려움이나 혼란을 느낀다고 상상한다. 그렇다고 해서 상대의 가치가 낮아지는지 또는 당신에게 덜 사랑스러운 사람이 되었는지 자신에게 물어보자. 그렇지 않다는 답이 나오지 않겠는가? 이와 같은 다정함과 친절함으로 스스로를 바라보길 바란다.

자신의 장점들을 기록하고, 이 리스트를 한 번씩 당신이 읽어 볼 수 있는 곳에 보관하여, 당신이 이 세상에 기여하는 모든 좋은 일들을 상기시키도록 하자. 당신이 과거에 이겨냈던 고난들, 당신이, 당신만이 발휘할 수 있는 일들을 떠올리는 것이다. 또한 자기 자신에게 용서를 발휘해야 한다.

실수를 저질렀을 수도 있고 잘못을 저질렀을 수도 있다. 당신은 사랑과 존중을 받아 마땅한 좋은 사람이자 매일 성장하고 나아지는 사람일 수도 있다. 이 두 가지 측면 모두가 사실일 수 있다.

"과정 중에" 있어도 된다고 스스로를 허락한다. 당신을 비현실적인 기대치에 가두는 사람들이나 상황, 오랜 신념을 놓아준다. 물론 이분법적이고 비극적인 생각을 버리고 우리 삶에 자리한 실재적이고 구체적인 문제들을 하나씩 분별 있게, 합리적으로 해결하는 일이 정말 어렵게 느껴질 때도 있다. 이때 우리는 자기 연민으로 중립적인 중도를 찾고 극단적인 생각들을 더욱 실용적인 해결책으로 대체할 수 있다. 아이러니한 점은 사회적으로 진정 자신감 넘치는 사람들은 "나는 끔찍해" 또는 "나는 훌륭해" 같은 생각을 거의 하지 않는다는 것이다. 이들은 도리어 *자기 자신*에 대해 거의 생각하지 않는다. 세상 속에서 행동을 취하고 다른 이들과 또 삶과 교류하느라 바쁘기 때문이다.

2장 요약

- 불안은 주의력이 잘못된 방향으로 향해 생기는 문제이자 내면에 지나치게 집중하는 경향성이다. 불안이 커지면 살아 숨 쉬는 역동적인 환경에 무심해지고, "50가지의 문제만큼이나 뒤처져" 삶을 살게 된다.
- 사회적으로 불안한 사람에게는 호기심이라는 마음 상태가 약으로 작용한다. 자신의 머릿속에서 벗어나 세상으로 다시 돌아갈 수 있게 해주고, 그렇게 행동하고, 참여하고, 학습하고, 창조하고, 소통하는 것을 시작할 수 있다. 사회적 불안에 맞서기 위해서는 현재의 순간에 다시 연결되는 것을 목표로 삼아야 한다.
- 더욱 자유롭고 즉흥적으로 자신을 표현하는 연습을 하고, "경외감을 불러오는 대상 찾기"에 의도적으로 참여해 호기심 어린 마음을 불안한 내면의 반추가 아닌 바깥 세계로 돌린다.
- 불안으로 우리는 도피/회피를 떠올리지만, 의식적으로 이에 반하는 행동을 해야 한다. 자신이 어떤 감정을 느끼는지, 가장 먼저 드는 충동은 무엇인지를 파악한 후 이에 반대되는 행동을 하는 것으로 다른 무언가를 깊이 있게 경험할 기회를 스스로에게 마련하고 상황이 어떻게 흘러갈지 지켜본다.

- 내면의 비평가를 인지하고, 그것과 심리적으로 거리를 두는 법을 배우며, 그 목소리를 유의미한 대화 상대로 볼 때 비로소 변화가 시작된다. 왜곡되거나 지나치게 비판적인 생각을 알아차리고, 어떠한 평가하는 마음 없이 호기심을 발휘한다. 내면의 비평가는 당신에게 무슨 말을 하려고 하는가? 당신이 비평가의 말을 듣지 않으면 내면의 비평가가 걱정하는 그 일이 벌어지는 것인가? 도와주려는 마음에 감사함을 표하되 그 부정적인 해석을 대신할 더욱 건강하고 합리적인 대안을 의식적으로 찾는다.
- 왜곡되었거나 비판적인 자기 대화에 이의를 제기하는 일은 연민에서 시작한다. 자신의 감정을 수용한 후, 자책하는 일 없이 그 감정을 바꿀 방법을 찾는다.

3장

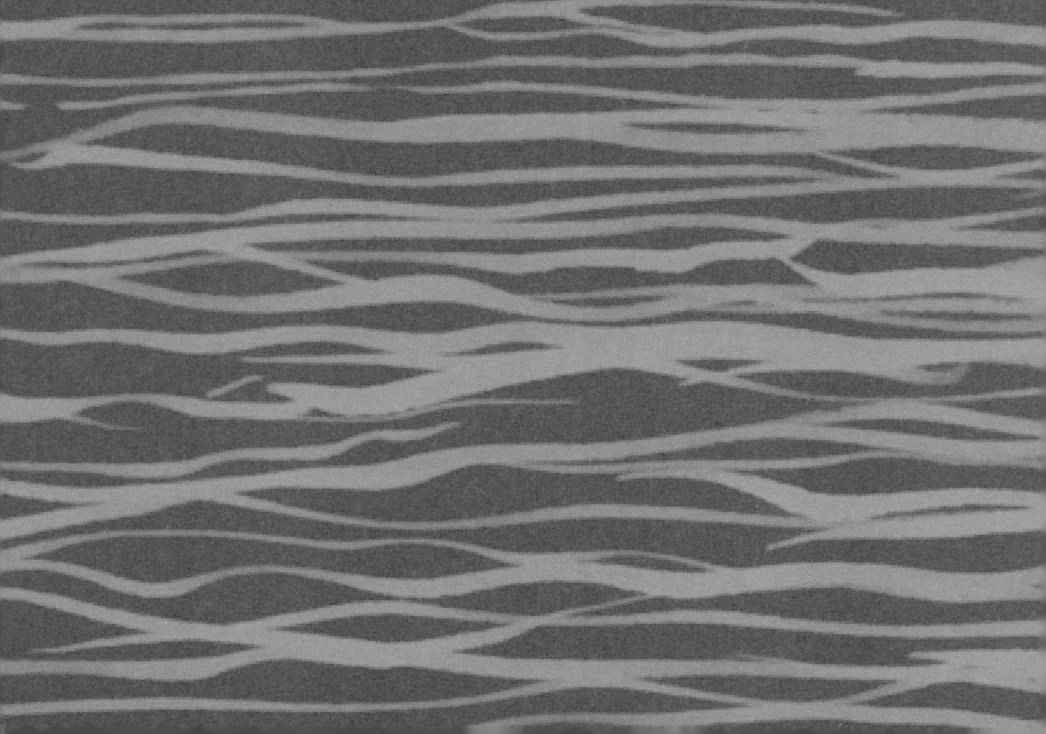

변화가 시작되는 세 가지 마음의 기술

Social
skills
    for
      the
over
thinker

시각화로 내면 다스리기

좋은 소식은 생각 중독자라면 당신은 이미 시각화의 전문가라는 것이다.

나쁜 소식은 지금껏 최악의 일들만 상상했다는 것이다.

정신적 시각화는 대단히 강력하지만 충분히 쓰이지 않는 기술이다. 생각 중독자들은 다수가 최악을 상상하고 "혹시나"를 가정하는 데는 올림픽 대표 수준이지만 무엇이 잘될 수 있을지, 그저 대처하는 것이 아니라 적극적으로 행동해 성공한다는 게 어떤 것인지를 상상하는 데는 그리 능하지 않다.

개인의 시각화 능력은 개인용 VR 시스템의 기술에 비유할 수 있다. 내면의 힘에 다시 연결되어 자신만의 경험을 만들어나갈 수

있게 해준다. 세상에서 벌어지는 일에(대체로 우리가 좋아하지 않는 일이거나 두려운 일에) 반응적이고 수동적으로 대응하는 대신, 우리가 가장 원하는 경험을 주도적으로 만들어가고, 우리의 내면을 조정해 그 경험이 현실이 되도록 이끈다.

시각화는 각기 다른 목적에 따라 다양하게 활용할 수 있는데, 대부분의 시각화 기법은 다음의 두 가지 주된 목적에 초점이 맞춰져 있다.

1. 사회적 상황이 시작되기 전, 상황이 진행되는 중, 끝난 후 어느 때나 이완과 정서적 조절, 침착함을 함양해 사회적 불안에 대처하고 맞선다.
2. 자신이 바라는 시나리오를 상세하게 상상하며 구체화시킨다.

힘든 상황을 조금 더 쉽게 대처하고자 시각화를 활용하거나, 아직 벌어지지 않았지만 우리가 바라는 상황을 상상을 통해 구체적으로 만들고자 할 때 시각화를 활용한다. 우선 첫 번째 유형부터 살펴보자.

자신만의 "안전한 공간"을 만든다

불안은 "그저 당신의 머릿속 일"이 아니다. 생각과 감정이 추상적인 개념처럼 느껴지겠지만 불안 반응은 무엇보다 생리적 현실이다. 즉, 당신의 몸에서 벌어지는 일이다.

당신이 불안을 느끼는 본질적인 이유가 있다. 바로 조상들이 위험한 상황에 대응하는 시스템이 체내에 작동할 때 생존에 이점이 있다는 것을 경험했기 때문이다. 투쟁 또는 도피 fight-or-flight 메커니즘은 생존이라는 중요한 목적에 큰 역할을 한다. 교감신경계는 신체가 생존을 위한 활동을 하도록 준비시킨다. 소화기관이 멈추고, 혈관이 확장되고, 심박이 급증하며, 신체는 긴장감과 경계심에 휩싸인다. 곧장 행동을 개시하거나, 방어하거나, 위협에서 달아난다. 이후 신체 시스템은 진정을 되찾고, 모두 다 제자리로 돌아온다.

다만 어떤 경우, 이 과다 각성 상태가 지속되는데, 우리가 불안한 생각으로 교감신경계를 계속 활성화시킬 때다. 인간은 스스로를 겁에 질리게 만드는 특별한 능력이 있다. 위험한 상황을 생각만 해도 실제로 위험한 상황을 마주했을 때와 같은 반응을 보인다. 행복하고 친절한 사람들로 가득한 파티에 있어도 당신의 몸이 한밤중 사나운 동물들로 가득한 정글에 홀로 있을 때와 같은 반응을 보이는 것도 이런 이유다.

당신의 불안 반응이 이런 방식으로 한번 작동되기 시작하면, 자기 자신에게 논리적인 설명을 전달하기가 상당히 어려울 수 있다. 다시금 안정을 찾기 전까지는 말이다. 불안을 느낄 때 "이 상황이 너무 무섭기 때문에 두려움을 느끼고 있어"라고 생각할지도 모른다. 하지만 "이미 과다 각성 상태이기 *때문에* 지금 이 상황을 위협으로 해석하고 있어"가 사실에 가깝다. 불안과 긴장은 우리의 집중력을 좁힌다는 점을 명심하길 바란다. 공황은 주의력을 바늘구멍만 하게 만들기 때문에, 공황 상태에 빠지면 위험하든 아니든 모든 자극을 위협으로 받아들이게 된다.

이때 시각화가 도움이 될 수 있다. 심리적 불안을 하향 조정하고 우리의 신경계 전체를 이완의 상태로 되돌리도록 도움을 준다. 이완의 상태로 돌아가야 환경을 더욱 합리적이고 중립적으로 평가할 수 있다.

"안전한 공간" 시각화 기법은 과다 각성 상태를 진정시키고 부교감신경계를, 즉 "휴식과 소화" 반응을 활성화시킨다. 목표는 심박수와 호흡수를 낮추고, 혈관을 이완하고, 긴장을 푸는 것이다. 이렇게 되면 신체의 반응이 달라짐에 따라 위협을 느끼는 상태에서 벗어나고 사회적 상황에 더욱 쉽게 대처할 수 있다. 또한 더욱 적응적인 대처 전략들을 실행하고 상황을 진정으로 즐길 수 있게 된다. 다음의 단계를 시도해 보길 바란다.

1단계: 자신의 공간을 만든다

잠시 눈을 감고 몸을 편안히 한다. 시간을 들여 머릿속에 당신만의 안전한 공간을 구체적으로 만들어나간다. 그 공간이 기쁨이나 평온함, 안전함, 행복을 가져다준다면 어떤 곳이든 상관없다. 실제로 존재하는 공간일 수도 있고, 가상의 공간일 수도 있으며, 이 둘을 섞어서 만든 공간일 수도 있다. 필요한 만큼 시간을 충분히 들여 풍경, 소리, 맛, 질감, 냄새까지 그 공간을 가능한 한 선명하게 그린다. 무엇을 하든 그 공간에 깊이 몰입하는 자신을 상상한다. 그곳에서 어떤 감정을 느끼고 무슨 생각을 하는지 탐험한다. 당신의 몸이 평화롭고 편안하며 완벽하게 이완되어 있다고 상상한다. 먼 곳에서 그곳을 바라보는 것이 아니라, 당신의 눈과 당신의 관점으로 직접 보고 있다고 상상해야 한다.

2단계: 출입구를 만든다

당신만의 특별한 공간을 상상할 때, 이후 이 장소를 연상시킬 특정한 트리거trigger 단어나 이미지, 몸짓을 택해 연관 고리 또는 연결 고리를 만든다. 가령 이곳을 상상하며 특정 단어나 만트라를 반복하거나, 손으로 작은 제스처를 만들어 "닻"으로 삼는다. 또 다른 방법으로는 원, 깃털처럼 그 공간을 의미하는 상징이나 물건을 떠올리는 것이 있다. 이 장소와 연관된 모든 좋은 감정들이 해당 단어, 몸짓, 상징에 담겨있다고 스스로에게 말한다. 이제 상상에서 빠져나와 상징 또는 단어를 떠올리는 것으로 안전한 공간이 연상되는지 "시험"해 본다.

이를테면 아름답고 평온한 가상의 성 하나를 상세하게 그린 다음, 그곳에서 느끼는 멋진 감정들을 "올 이즈 웰all is well"이라는 구절과 연계시킨다. 연결 고리가 형성되고 나면 이 문구를 외우며 그 아름다운 공간을, 무엇보다 그곳이 당신에게 안겨주는 생각과 감정을 소환하는 연습을 몇 차례 진행한다.

3단계: 현실 속 상황에서 트리거를 사용한다

이 트리거 단어, 상징, 몸짓을 작은 버튼으로 생각하고 평온한 마음을, 즉 부교감신경계를 활성화시키고 싶을 때마다 누른다. 새로운 직장에 출근하게 되었고 처음 인사를 나눌 동료들을 생각하니 너무도 긴장이 된다고 가정해 보자. 출근길 지하철 안에서 당신만의 특별한 공간이 나타날 때까지 마음속으로 "올 이즈 웰, 올 이즈 웰"을 되뇐다. 얼마 지나지 않아 그 공간 전체의 이미지와 더불어 침착함과 수용이라는 수많은 긍정적인 감정들이 떠오른다. 이제 이 감정을 품은 채 회사에 가면 사람들과 교류하는 것이 훨씬 수월해질 것이고 지나친 불안도 느끼지 않을 것이다.

불안 반응에 휘둘리는 대신 의식적으로 자신의 불안 반응을 통제하는 방법을 배우는 전략이다. 침착함과 이완의 태도를 사람들에게 전하면 사람들은 이에 상응하는 반응을 보일 것이고, 이로써 당신 마음도 다시 편안해지는 일종의 피드백 고리를 형성하게 된다.

당신이 원하는 목표에 생명력을 불어넣는다

당신이 집중하는 대상은 확장된다. 당신이 무시하는 대상은 축소된다.

시각화는 상상의 힘을 이용해 말 그대로 두뇌에 새로운 신경회로를 만들고, 새로운 방식으로 존재하고 사고하는 법을 훈련하는 것이다.

앞의 예시로 계속 설명하자면, 새로운 일터에서의 첫날을 어떻게 보내고 싶은지 시각화를 통해 그려볼 수 있다. 안전한 공간을 상상했던 것과 마찬가지로 가급적 자세하게 일터를 머릿속에 그리고, 그 장소에서 당신이 바라는 자신의 모습을 떠올린다. 그 상상 속 당신에게, 자신감 넘치고, 사람들과 편안하게 대화하며 질문에는 자연스럽게 대답하고, 새로운 업무와 도전에 적극적으로 관심을 보이는 당신에게 깊이 몰입한다.

여기서 조금 더 나아가 사회적 불안이 막 시작되는 초반의 떨림을 경험하는 상황까지도 상상해 볼 수 있다. 다만 그 상상 속에서 당신은 통제권을 쥐고 있다. 혹시나/언젠가 이런 상황이 닥칠 때를 대비해 예행연습을 한다고 생각하면 된다. 상상 속에서 당신은 약간의 불안감을 인식했고, 호흡하자고 스스로 차분하게 되뇐다. 그 사회적 상황에 대처해 나가는 자신의 모습을 그린다. 차근차근 문제적 상황에 접근하고 마침내 당신에게 가장 효과적인 방법에 기대어 무사히 해결하는 자신의 모습을 지켜본다. 상상 속 당신은 일정을 마치고 집으로 돌아와 피곤함을 느끼지만 동시에 사회적 불안이 이는 상황을 완벽히 통제해 냈다는 데 뿌듯함을 느낀다.

이렇게 예행연습을 하면 — 어려움을 마주하거나 예상치 못한 불안한 감정이 닥쳤을 때 어떻게 대응할지 능동적으로 연습하면 — 강한 권력감과 통제감을 느낄 수 있다. 다음 날 아침, 새 직장에서의 첫날을 시작하며 훨씬 노련하게 대응하는 자신을 발견하게 될 것이다. 마치 예전에 한 번 해봤던 것처럼 말이다! 약간의 긴장감이 찾아온다 해도 이를 인지하는 당신은 그 감정에 휩쓸리는 대신 심호흡을 한 뒤 계획했던 대로 대응할 수 있다.

자연스럽게 이 두 가지 유형의 시각화를 결합하고 싶다는 생각이 들 것이다. 당신만의 닻을 이용해 안전한 공간을 떠올리는 것으로 시작해 특정 상황에 대응하는 모습을 상상하는 것으로 말이다. 시각화의 멋진 점은 당신이 원하는 대로 활용할 수 있다는 데 있다. 당신이 지금 고민하는 문제가 무엇이든, 이를 회피하거나 저항하지 말고 그저 호기심을 발휘하겠다는 마음가짐을 가져야 한다. 그리고 당신의 상상으로 진입하는 "VR 헤드셋"을 이용해, 특정 상황에서 당신이 가장 이상적으로 여기는 반응을 연습하면 된다. 창의력과 호기심을 발휘할수록 당신에게 불리한 방향이 아니라 유리한 방향으로 두뇌가 작동하게 만들 수 있다.

역할극으로
부정적 신념 바꾸기

시각화를 통해 우리는 특정한 행동을 머릿속으로 연습하고 더욱 건강한 대안들을 현실로 만들어나가기 시작한다. 역할극에서는 여기서 조금 더 나아가 특정 시나리오에 대처하는 또 다른 방식을 실연해 볼 수 있다.

〈행동치료 및 실험 정신의학 저널*Journal of Behavior Therapy and Experimental Psychiatry*〉에 등재된 새로운 연구에서는 불안을 유발하는 사회적 상황을 타인의 관점에서 경험하는 것이 사회불안장애SAD, Social Anxiety Disorder 환자들에게 도움이 될 수 있다고 밝혔다(아베디테라니Abeditehrani 외, 2021년). 논문 저자들은 SAD를 자신의 사회적 능력과 타인에게 평가받는 두려움을 둘러싼 일련의 부정적인 신념들로 정의했다.

연구진은 SAD를 앓는 사람들은 타인의 부정적인 인식들을 과장해 받아들이고, 타인의 부정적 평가가 불러올 결과가 실제보다 더욱 안 좋을 것이라 믿는다는 사실을 발견했다. 그리고 이러한 부정적인 인식을 다루는 것이 SAD를 효과적으로 치료하는 데 중요한 역할을 한다고 봤다.

해당 연구는 부정적인 인식을 알아차리는 새로운 방법을 소개했다. 바로 역할 바꾸기다. 역할극에 참여한 참가자들은 다른 사람과 역할을 바꿔 사회적 상호작용의 상황을 연기했다. 역할을 전환하며 이들은 타인에게 평가당한다는 것에 대한 부정적이고 왜곡된 신념들을 효과적으로 바로잡을 수 있었다. 사회적 불안에서 큰 부분을 차지하는 것이 바로 타인에게 평가를 당한다는 잘못된 신념이기도 하다.

실험에서 사회적으로 불안을 느끼는 서른여섯 명의 성인들은 힘든 사회적 상황을 즉, 타인이 자신을 평가할까 두려움을 느끼는 상황을 떠올렸다. 이후 각 참가자들에게 타인이 자신을 보며 어떤 생각을 할지 가장 걱정되는 점과 타인이 자신의 사회적 기술을 (그런 기술이 있다면) 어떻게 평가할지 염려되는 점들의 리스트를 적게 했다. 이 집단의 절반은 해당 시나리오를 다른 사람과 함께 연기한 반면, 절반은 해당 상황을 연기하되 역할을 바꿔 연기하도록

했다. 따라서 두 번째 집단에 속한 사회적으로 불안한 사람은 조금 전에 자신을 평가할 것이라고 생각했던 타인의 관점에서 연기를 해야 했다.

흥미롭게도 두 집단 모두 연구 참가자들의 부정적인 신념과 인식이 개선되었지만, 역할을 바꾼 집단은 역할극 후에 자신이 기존에 품었던 신념들이 그리 신뢰할 만하지 않다고 더욱 크게 느꼈다. 타인의 입장에서 생각했던 것이 자동적인 생각과 가정에 이의를 제기하고 반박하는 계기가 된 것이다.

논문에서는 역할극을 주로 치료적 도구로 소개했지만, 이는 우리가 일상생활에서도 분명 활용할 수 있는 방법이다. 상상 속에서 역할 바꾸기를 시도해 보는 것부터 친구나 가족의 도움을 받아 직접 시연해 보는 것도 가능하다. 이미 지난 상황을 곱씹으며 초조해하거나 아직 일어나지 않은 일을 걱정할 때 이 훈련을 시도해 볼 수 있다.

1. 다른 사람이 이러한 생각이나 말, 행동을 할 것 같아 두려운 것들을 적어본다. 잠시 브레인스토밍을 하며 떠오르는 것들을 모두 글로 적는다.

2. 눈을 감고 당신이 그 상대방이 되었다고 상상한다(상대가 다수라면 한 명을 택한다). 이들이 해당 상호작용에서 무엇을 바라는지, 무

엇에 집중하고 있는지, 이들이 중요하게 여기는 가치, 걱정거리, 목표는 무엇인지, 이들이 상호작용을 어떤 식으로 해석할지 생각해 본다.

3. 상대방의 눈으로 당신이 적은 리스트를 다시 확인하며 그 내용이 얼마나 정확한지를 살펴본다. 다시 보니 그리 정확한 이야기 같지 않은 내용에는 선을 그어 지운다.

4. 이 훈련을 반복하되 해당 상호작용에 다수가 포함되어 있다면 이번에는 다른 사람을 택한다.

5. 훈련을 마친 후에는 불안 정도가 어떻게 달라졌는지를 인식하고, 훈련을 하며 알게 된 인지 왜곡에 호기심을 갖고 접근한다. 이후, 과거에 있었던 일을 반추하거나 다가올 일에 지레 스트레스를 받을 때는, 줄을 그어 새롭게 업데이트한 이 리스트를 의식적으로 떠올린다.

역할극/역할 바꾸기가 제대로 효과를 발휘하려면, 잠시 시간을 들여 타인의 관점에 진정으로 몰입하고 상상해야 한다. 타인의 관점으로 상황을 바라볼 때는 자신의 신념이 불쑥 등장하려는 충동에 저항해야 한다. 대신 가급적 중립적인 입장을 견지한다. 이를테면 결혼식장에서 당신의 축사를 사람들이 이상하다고 평가할까 봐 걱정된다면, 멀리 물러나 신부나 신랑, 아니면 아무 관련이 없는 하객 한 명의 입장에서 생각해 본다. 이 상황에서 이들의 가장 주된 관심사와 이들에게 가장 중요한 사안은 무엇일까? 이들이 이 상황에서 바라는 것은 무엇인가?

당신은 신부와 신랑이 지금 벅찬 감정에 휩싸여 있고, 현재 고려할 일들이 너무도 많은 만큼 당신의 축사를 세세하게 신경 쓰지는 않을 것이라는 점을 문득 깨닫게 될 것이다. 마찬가지로 하객들은 식사가 언제 나올지, 차를 어디에 주차해 두었는지, 결혼 선물은 적당했을지 생각하거나 다른 하객들과의 대화에 빠져있을 것이다. 실로 타인의 관점에서 생각해 볼수록 그들 중 많은 사람이 당신과 똑같은 입장이라는 것을, 즉 다른 사람들에게 어떠한 평가를 받게 될지 걱정한다는 것을 깨닫게 될 것이다!

명민한 독자라면 지금쯤 이런 생각을 할 것이다. "아, 하지만 나도 다른 사람을 평가한 적이 있는데. 그러니 다른 사람들이 나를 평가하는 것도 전적으로 가능한 일이잖아."

이에 대한 답은 "그렇다"이다. 사실이다. 하지만 가장 최근 누군가를 평가했던 때를 생각해 보길 바란다. 상대에 대한 관심이 얼마나 지속되었는가? 그날 집으로 돌아가 상대를 늦은 밤까지 생각하며 그들의 성격과 인간으로서의 가치를 평가하고 비난했는가? 상대를 향한 당신의 관심이 그저 "신이시여, 제가 아니라 다행입니다"에 가깝지는 않았는가?

타인을 평가하는 정도와 자기 자신을 평가하는 정도, 타인에게서 평가를 받을까 두려운 정도는 서로 연관되어 있다. 타인을 평가하고 타인의 행동을 면밀히 감시하는 사람들은 자기 자신을 수용하고 자신에게 친절하게 대할 능력이 결여되어 있어 그런 행동을 하는 것이다. 즉, 가혹한 내면의 비평가의 목소리를 외재화해 타인에게 투사하는 것이다. 이들은 다른 사람들도 자신에게 그럴 것이라고 생각할 수밖에 없다. 하지만 다른 사람들이 당신의 어떠한 점에 대해 생각하고 있을 거라는 상상은 사실 당신이 자기 자신을 보며 품는 생각이다. 짧게 요약하자면 자기 수용을 발휘할수록 타인을 더욱 이해할 수 있고 타인이 당신을 부정적으로 생각하지 않는다는 믿음도 커진다. 만약 "사람들은 잔인해"라는 생각이 들었다면 잠시 멈춰 그것이 다른 사람들이 아니라 자신에게 해당되는 이야기가 아닌지 스스로에게 물어보자.

역할극을 활용하는 방법

앞서 보았듯, 인지 왜곡과 잘못된 신념들, 유익하지 않은 태도들은 우리가 이를 아무 의심 없이 받아들이는 시간이 길어질수록 그에 비례해 더욱 강해진다. 자신의 추정을 시험해 볼 상황에 자신을 몰아넣지 않는다면 이를 바로잡거나 조정할 기회를 영영 얻지 못한다. 세상 속에서 우리가 가장 깊이 믿고 있는 가정을 대상으로 시험과 실험을 진행하는 것이 이상적이다. **하지만 다른 대안적 해석을 얻는 또 한 가지 방법은 상상 속에서 이 실험을 먼저 진행해 보는 것이다.**

가령 당신이 신뢰하는 친구 또는 가족 구성원 몇 명 또는 심리치료사와 사회적 상황을 상상하며 역할극을 해볼 수 있다. 당신은 당신 역할을 맡고 다른 사람들은 당신과 상호작용하는 타인을 맡는다. 이 과정에서 해당 상황을 연기하고, 중단하고, 전환하고, 세세하게 분해하며 다른 접근법을 연습해 볼 수 있다. 또한 역할극은 스트레스를 주는 감각들을 둔감하게 만들어, 결국 처음 시작했을 때 느꼈던 두려움은 점점 줄어들게 된다.

함께 역할극에 참여한 이들에게 피드백과 의견을 묻는다. 해당 상황을 몇 차례 더 연기해 보는데, 매번 다른 전략을 시도한다. 후에 다시 살펴보고 싶다면 녹음이나 녹화를 할 수도 있다. 이러한 역할극은 몇 가지 일을 동시에 처리하는 것과 같다. 바로 훈련과 탈감각화, 학습, 예행연습이다. 역할극을 하면 어쩐지 어색하거나 불편한 감정을 경험하는 것이 일반적이다. 그런 생각들을 기록한다("너무 별로였어" "내가 분위기를 제대로 망쳤어"). 역할극 참여자들에게 자신이 느낀 불편한 감정을 이야기하면 이들도 당신이 조금 긴장한 상태임을 알았지만 그렇다고 해서 그것이 당신을 평가했다는 의미는 아니며, 심지어 이들이 당시 별생각이 없었다는 것을 말해줄 것이다. 이상한 점을 하나도 눈치채지 못했다고 할 수도 있다. 어떠한 경계를 긋는 연습을 하는 중에는 어느 순간, 자신이 말도 안 될 정도로 까다롭고 불합리하게 군다는 느낌이 들 수도 있다. 하지만 이후에 녹음된 내용을 들어보면 자신이 더할 나위 없이 합리적이었다는 것을 깨닫게 된다.

당신의 행동에 대한 유익한 조언을 듣게 될 수도 있다. 안전하고 통제된 방식으로 말이다. 역할극에 함께한 이들이 당신의 단어 선택이나 몸짓, 시선 처리 방식 등 당신이 알 수 없었던 부분들에 대해 조언을 전해줄지도 모른다. 이를테면 역할극을 마친 후 친구는 당신에게 화가 나고 냉담해 보였다는 피드백을 주었지만, 사실 그때 당신은 자신이 취약하고 위협에 노출된 기분을 느꼈을 수 있다. 사회적으로 불안한 사람들은 타인의 눈에 자신이 불안해 보이는 것이 아니라 무심하고 냉담한 사람처럼 보인다는 것을 알고 나면 놀라고는 한다. 어쩌면 상대방은 사회적으로 불안한 사람들을 평가하는 게 아니라 본인이 평가를 받는다는 기분을 느꼈을지도 모른다! 역할극은 이러한 여러 정보를 탐험할 수 있는 안전한 방법이 될 수 있다.

역할극을 활용할 수 있는 다른 방법이 한 가지 더 있는데, 바로

이상적인 현실을 훈련하고 연습하는 것이다. 이를테면 당신이 함양하고자 하는 어떠한 자질을 갖춘 사람을 연기하는 상황이라고 가정해 보자. 어쩌면 당신은 자신의 주장을 잘 펴지 못하는 사람일 수 있고, 그래서 자신감과 확신을 가지고 자신의 의사를 편안하게 표현하는 상황을 역할극으로 진행할 수 있다. 새로운 역할을 시도하는 것이다. 몇 번의 시도 끝에야 그 역할을 제대로 해낼 수 있었다. 물론 여기서 목표는 "연기"를 하지 않는 것이지만, 상상의 힘을 빌려 자신을 해방시킬 때 얼마나 뛰어난 재능이 발휘되는지를 보고 스스로 놀랄지도 모른다(내성적 성향의 수줍음이 많은 사람들 가운데 뛰어난 연기자인 이들이 많다). 목표는 새로운 관점에 온전히 몰입해 새로운 사고방식을 진심으로 느끼는 데 있다. 자신감이 넘치는 사람이었다면 어떻게 행동하겠는가? 상호작용에 참여한 다른 모든 이들과 마찬가지로 당신에게도 동등한 권리가 있음을 안다면 어떤 말을 하겠는가? 침착하고 불안에 떨지 않는 사람이라면 어떤 표정을 짓겠는가? 어떤 목소리로 말할 것 같은가?

사람들과 역할극을 시작할 준비가 되지 않았다면 혼자서도 할 수 있는 일들이 많다. 거울을 보며 연습하거나, 자신이 어떻게 말하는지 녹음하거나, 누군가의 질문에 대답하거나 스몰토크를 하는 상황을 연습해 본다. 다만 최고의 훈련은 현실을 직접 경험하는 것임을 명심하길 바란다. 현실 세계로 빨리 나갈수록 좋다.

무작위적 선행으로
긍정적 유대감 쌓기

당신이 사회적 상황에 불안을 느끼는 사람이고 생각 과잉에 시달린다면, 그 생각 속 당신은 주로 열등하거나 취약하거나 어떤 위협 같은 것에 노출된 기분을 느끼는 반면, 타인은 당신을 평가하거나 비판하거나 놀리는 위치에 있을 때가 많다. **우리는 두려움 때문에 타인의 적대심을 가정하고 예측하며, 이를 바탕으로 사회적 상호작용을 한다.** 번쩍이는 스포트라이트 불빛이 우리를 비추면 이내 모두가 모여들어 자신을 평가할 거라고, 그래서 자신에게서 어떠한 결함을 찾아낼 거라고 상상한다.

하지만 이러한 사고방식을 완전히 전환할 수 있는 확실한 방법이 하나 있다. 타인을 향해 친절함과 너그러움을 발휘하는 것이다.

　이러한 마음가짐으로 사람들에게 접근할 때 우리는 자신의 불안과 자기 반성적 반추에서 시선을 돌려 외부의 타인에게로 주의력의 방향을 전환시킬 수 있을 뿐 아니라, 타인이 우리에게 긍정적으로 대응할 것이라는 기대를 품을 수 있다. 이때 "나 VS 그들"이라는 프레임워크가 깨지고 압박감이 사라지며, 신뢰와 친근감을 높이는 행동을 의도적으로 택하는 데 중점을 두게 된다. 이 전략이 효과가 있는 이유는 비단 타인에게 친절한 것이 좋은 태도이기 때문만은 아니라(물론 훌륭한 행동이다!) 자신만의 생각에서 벗어나 상호작용이 긍정적으로 펼쳐질 수 있다는 기대감을 품을 수 있기 때문이다.

　"그들이 나를 어떻게 생각할까?"같이 반추하는 게 아니라, *상대를 생각하고 "내 선물이 그들의 마음에 들었으면 좋겠어. 그들에게 또 뭐가 필요할까? 그들이 행복하면 좋겠어"식의 질문을 하게 된다.*

　캐나다 연구자인 제니퍼 트루Jennifer Trew와 린 올던Lynn Alden이 진행한 연구가 국제적인 저널 〈동기와 정서Motivation and Emotion〉에 실렸는데, 해당 연구에서는 선행이 사회적 불안에 시달리는 사람들에게 도움을 줄 수 있다고 주장했다. 사회적 불안은 단순한 수줍음을 넘어서는 단계로, 사람들과 어울리는 상황을 적극적으로 회피하게 만든다. 그 결과 친구 수가 적어지고, 사회적 상호작용에서 불안정감을 느끼며, 가까운 관계의 사람들과도 정서적 친밀감이 낮아지게 된다.

이 연구는 선행이 점차 불안 수준을 낮추고 타인과의 교류를 수월하게 만드는지 여부에 초점을 맞췄다. 사회적 불안도가 높은 대학생들이 4주간의 실험 기간 동안 세 집단에 무작위로 배정되었다. 한 집단은 룸메이트나 이웃을 돕거나 자선단체에 기부를 하는 등 선행을 했다. 두 번째 집단은 선의를 행하지 않고 사회적 상호작용에 참가했으며, 세 번째 집단은 그 어떤 개입 없이 단순히 일상 속 경험을 기록했다.

연구 결과, 능동적으로 선행을 베푼 집단은 사회적 상황을 회피하고 싶은 욕구의 정도가 전반적으로 크게 낮아졌는데, 특히나 실험 초기에 그런 현상이 두드러졌다. 이를 통해 선행이 회피 성향을 낮추고 거절, 불안, 고통 등의 감정에 대응하는 효과적인 전략이라는 사실이 드러났다.

트루와 올던은 선행이라는 개입으로 사회적으로 불안한 사람들이 점차 더욱 만족스럽고 충만한 삶을 살아갈 수 있고 이들의 기질에도 변화가 찾아온다고 주장했다. 선행은 세상과의 긍정적 상호작용과 세상에 대한 지각을 높여 행복과 타인을 향한 배려를 커지게 하며, 이는 사회적 불안을 극복하고 의미 있는 관계를 형성하는 데 중요한 역할을 한다.

생각 중독자이고 사회적으로 불안한 사람이라면 어떤 보상을 바라지 않고 타인에게 친절을 베풀었던 적이 최근 언제였는지를 스스로에게 물어보길 바란다. 무작위적 선행은 보상이나 보답의 선행을 조금도 기대하지 않아야 한다. 선행이 불러오는 감사함과 따뜻함이라는 긍정적 감정들은 자기 의심이나 낮은 자존감, 불안 같은 감정보다 훨씬, 훨씬 더 강력한 힘을 발휘한다.

이러한 관점의 변화는 생각 중독자들에게 인식 체계의 대전환을 불러온다. **우리가 대단한 즐거움을 주거나, 대단히 매력적이거나, 똑똑하거나, 자신감이 넘치지 않아도 사람들에게 행복을 전하거나 사람들의 삶에 변화를 가져올 수 있다는 사실을 일깨워 준다.** 우리가 무엇을 굳이 *보여주지* 않아도 된다는 것을, 사회적 상호작용은 위험부담이 낮을 수 있고, 즐거울 수 있으며, 쉬울 수 있고, 삶에 대한 긍정성을 키워줄 수 있다는 사실을 말이다. 사회적으로 불안한 이들은 사회적 상황을 자신이 어떠한 기술을 뽐내야 하는 무대로 여기기 때문에 자신은 다른 사람들과 사회적인 교류를 나눌 자격이 없는 사람이라고 느낀다. 사회적 상황에는 복잡하고 어려운 규칙들이 많고, 이 규칙을 제대로 따르지 못하면 지적당하고 거부당할 거라고 믿는다.

어린아이들이 친구를 사귀는 방법을 생각해 본 적이 있는가?

아이들은 교류의 사회적 규칙은 물론 대화하는 법 또한 다 배우지 못했지만 친밀한 관계를 빠르게 형성한다. "저들 눈에 내가 흥미로운 사람으로 보일까? 나를 어떻게 생각할까? 내 말이 지금 상황에 적절한가? 내가 불안하다는 게 티가 날까?" 같은 생각을 하는 대신 아이들은 "뭐가 재밌을까? 이 환경은 어떤 느낌인가? 이 사람은 누구고 어떻게 해야 이 사람과 소통할 수 있을까?" 같은 질문을 한다. 한 아이가 다른 아이에게 다가가 그냥 무언가를 불쑥 내밀기도 한다. 센스 있는 멘트나 예의를 갖춘 인사말이 필요치 않다!

관대함과 친절함, 연민은 강력한 힘이며, 자기 의심과 불안을 순식간에 무너뜨린다. **서로의 마음을 주고받을 때, 감사함과 연민에 집중할 때 우리의 마음은 위협을 생각하지 않는다.** 당신과 타인 사이의 장벽이 낮아지고, 장벽 건너편에 있는 상대를 낯설고 이질적인 존재가 아니라 당신과 마찬가지로 친절함과 배려로 응답하는 인간으로 느낄 수 있다. 당신은 사람들이 잠재적 위협의 근원이 아니라 연결과 기쁨, 감사함과 행복의 근원이 될 수 있다는 사실에 눈뜨게 된다.

오랫동안 사람들과 어울리는 데 어려움을 느꼈다면 타인을 — 크게는 사회를 — 끊임없이 맞서 대응해야 할 적대적이고 까다로운 대상으로 볼 수 있다. 하지만 인간이 애초에 왜 소통을 하는지 그 이유를 떠올린다면 애틋한 무언가를 느낄 수 있다. 누구나 타인의 시선을 받고 싶고, 타인이 자신의 말을 들어주길 바라며, 타인에게 수용되고 싶고, 이 세상에 자신만이 기여할 수 있는 바를 인정받고 싶어 한다. 불안한 사람들은 임의로 정해진 사회적 기준에 자신이 얼마나 부합하는지를 지나치게 신경 쓰는 한편 자신이 타인에게 무언가를 제공할 능력이 있다는 사실은 그리 생각지 않는다. 타인의 말을 경청하고, 타인을 인정하고, 타인에게 찬사를 보내고, 가치감과 소속감을 전해줄 능력이 있다는 사실을 잊는다.

결국 모든 대화와 모든 인간 상호작용의 기저에는 타인에게 존재를 인정받고 존중받고 싶다는 욕구가 자리한다. 친밀한 관계와 이해, 존중에 대한 욕구가 있다. 이를 이해하면 나머지는 금방 해결된다. 우리가 할 수 있는 몇 가지 선행을 소개하겠다.

- 당신 환경 안에 있는 사람들에게 주의를 기울여 현재 누가 어려움에 처해있는지 살핀다. 당신이 도움을 주고자 나서서 신중하게 타인의 문제를 해결할 수도 있고, 그 사람에게 더욱 따뜻하게 마음을 써줄 수도 있다. 또는 동료가 점심 식사를 집에 두고 왔다면, 본인이 먹을 음식을 사러 나가며 소소하게 동료의 것도 챙겨줄 수 있다. 슈퍼마켓에서 누군가 물건을 떨어뜨렸다면 얼른 주워 건네주며 미소를 보인다.

- 즉흥적으로 사람들에게 감사함을 표하고 칭찬을 건넨다. 진심과 진정성 어린 태도로, 상대가 중요하게 여기는 무언가, 상대가 열심히 노력해 온 무언가를 아주 작은 일이라도 언급하는 것이다. "이 소책자들 잘 정리해 줘서 고마워요, 브래드. 덕분에 좀 더 전문성을 갖춘 것처럼 보이고, 사람들이 책자도 쉽게 찾을 수 있겠어요. 고마워요."
- 아무 이유 없이 낯선 이의 커피 값이나 식품들의 값을 대신 지불한다.
- 다른 사람을 위해 문을 잡아주거나 버스 또는 열차에서 자리를 양보한다.
- 자원봉사야말로 훌륭하지만 규모가 큰 기관을 찾기보다는 주변에 당신의 도움이 가장 필요한 곳이 어딘지 살핀다. 한 달에 한 번씩 약을 받으러 외출하는 맞은편 집 할머니는 당신의 도움을 무척이나 감사하게 여길 것이다.
- 휴대전화의 연락처를 보며 한동안 연락하지 못했던 다섯 명을 꼽아본다. 따뜻한 내용의 문자로 인사를 건넨다.
- 집을 청소하며 기부할 만한 물건을 정리한다.
- 빨래방 기계에 다음에 사용할 사람들을 위해 동전을 남겨둔다. 동전 몇 개로 그들은 그날 하루를 행복하게 보낼 것이다.
- 밖을 거닐 때는 마주치는 행인들과 눈인사를 하고 따뜻하게

미소를 건넨다. 다섯 번만 해보면 당신의 기분이 무척이나 달라짐을 느낄 것이다.

- 파티에서 자신이 어색하게 굴까 봐 걱정하는 대신 그곳에서 가장 불편한 얼굴을 하고 있는 사람에게 곧장 다가간다. 5분에서 10분 정도만 이들에게 집중한 뒤 당신의 기분이 어떻게 달라지는지 살핀다.
- 당신의 사회관계망에 있는 사람들을 적극적으로 연결시킨다. 지인들을 서로 소개시켜 주고, 일자리를 찾거나 사업을 시작하는 사람이 있다면 이들에 관한 좋은 말을 퍼뜨려 준다.
- 간호사나 식당 종업원, 환경미화원, 계산대 직원 등 지금껏 딱히 관심을 기울이지 않았거나 당연하게 여겼던 사람들에게 진심 어린 감사를 표한다.
- 귀중한 통찰이 있거나 대단히 유용한 정보가 있다면 널리 공유한다. 디지털 기기 사용에 조금 어려움을 겪는 사람을 도와주거나, 일터에서 무료 세미나를 개최하거나, 인정을 발휘해 길을 잃은 여행객들을 도와주고 이들이 가볼 만한 장소도 몇 곳 추천해 준다.

점수를 따려 한다거나, 으스대거나, 어떠한 거래를 노리는 것이 아니다. 감사함과 인간으로서의 유대감에 기초한 순간을 만들어내겠다고 의식적으로 선택을 하는 것이다. 첫걸음을 떼고 나면 의식적으로 그러한 분위기를 만들어나갈 수 있다. **하루에 작은 선행 하나씩을 목표로 도전한다면 한 달 후에는 타인이 예전보다 훨씬 덜 위협적으로 느껴지고, 타인에게 접근하는 것이 훨씬 쉬워졌다고 느끼게 될 것이다.** 작은 선행이면 잔뜩 화가 난 얼굴을 한 사람도 미소 짓게 만들 수 있다.

3장 요약

- 시각화는 내면의 힘에 다시 연결되어 자신만의 경험을 만들어 나갈 수 있게 해준다. 시각화를 이용해 사회적 상황이 시작되기 전, 상황이 진행되는 중, 끝난 후 어느 때나 이완과 정서적 조절, 침착함을 함양해 사회적 불안에 대처하고 맞설 수 있다. 또한 시각화를 이용해 자신이 바라는 시나리오를 상세하게 상상하며 구체화시킬 수 있다.
- "안전한 공간" 시각화는 과다 각성된 자율신경계를 진정시키는 방법으로, 이때 당신은 상황을 더욱 분명하고 침착하게 생각할 수 있게 된다. 안전한 공간을 신중하게 상상하고, 그 기억의 공간으로 향하는 출입구와 트리거를 만든 뒤 자유자재로 그 공간에 진입하는 연습을 한다. 시각화는 두뇌에 새로운 신경회로를 만들어, 현실 세계를 마주하기에 앞서 다르게 사고하고 느끼고 행동하는 방식을 훈련할 수 있게 해준다.
- 역할극에서는 여기서 조금 더 나아가 어떠한 시나리오를 대처하는 또 다른 방식을 실연해 볼 수 있다. 사회적 불안을 앓는 사람들은 타인의 부정적인 인식들을 과장되게 받아들이지만, 상대방이 되어 역할극을 해보면 이러한 인식들이 바로잡히고 불안도 덜 느끼게 된다.

- 인지 왜곡과 잘못된 신념들, 유익하지 않은 태도들은 우리가 이를 아무 의심 없이 받아들이는 시간이 길어질수록 그에 비례해 더욱 강해진다. 역할극에서 우리는 인위적으로 이에 반하는 근거에 스스로를 노출시키는데, 이때 인지 왜곡의 힘이 약해진다. 또한 당신이 바라는 어떠한 사회적 기술을 이미 갖춘 것처럼 가장해 그런 태도로 사회적 상황을 경험할 때 어떤 기분을 느끼는지 훈련/탐험하는 등, 당신이 원하는 결과물을 시각화하고 연습해 볼 수도 있다.
- 마지막으로 무작위적 선행이 불안을 낮출 수 있다. 선행을 하며 사회적 상호작용을 마주할 때 느낄 두려움에 대항할 수 있고, 타인에게서 적대감이 아닌 친절함과 감사함을 기대할 수 있기 때문이다. "나 VS 그들"이라는 프레임워크를 무너뜨리고, 자신만의 생각에서 벗어나 긍정적인 행동에 집중할 수 있게 된다. 이러한 마음가짐은 두려움을 느끼고 위협을 인식하는 상태와 양립할 수 없다.

편안한 관계를 만드는 네 가지 행동 전략

Social
skills
for
the
over
thinker

사교적이고 자신감 넘치며 침착하고 유능하다는 것은 당신의 **감정**이 아니라 **행동**이다.

앞서 우리는 불안한 생각 과잉이 무엇인지, 자신의 생각에서 벗어나 다시 세상으로 향하는 방법은 무엇인지, 시각화와 역할극 등을 이용해 나만의 생각과 세상 간의, 때때로 끔찍하게 느껴지는 그 격차를 어떻게 메울 수 있는지 살펴봤다.

훈련과 전략이 무척 중요하지만, 어느 지점에 이르면 사회성은 학문적이거나 추상적인 지식이 아니라, 타인과 협력하여 함께하는 행동으로 귀결된다. **결국 사회성을 향상시키는 것은 생각이나 계획, 상상이나 바람이 아닌 사교적 활동이다.** 아무리 자신의 어린 시절을 열심히 통찰한다 해도, 복잡한 심리학 이론으로 무장한다 해도, 과감히 세상으로 나가 타인과 어울리는 경험의 절반만큼도 효과를 발휘하지 못한다.

생각 과잉과
싸우지 않는다

우리가 의식적이고 지능적인 행동을 취하지 못하게 가로막는 하나는 너무 뻔하게도 생각 과잉이다. 우리는 먼저 얼마나 민망함을 느꼈는지 또는 느낄지, 다른 사람들이 우리를 어떻게 생각할지, 이상하거나 잘못된 말을 하지는 않았는지 반추한다. 희한한 점은 더욱 사교적이 되고, 안전지대를 벗어나 용감하게 걸음을 내딛기 시작할수록 반추가 오히려 심해질 수 있다는 것이다. 근본적으로 자신에게 문제가 있거나 자신이 어딘가 잘못되었을지도 모른다고 강하게 생각하거나, 이제는 새로 무언가를 배우기에 너무 늦은 것 같다고, 변화는 너무 비용이 크거나, 너무 민망하거나, 너무 어렵다고 생각할 수도 있다. 생각 과잉의 주제는 점점 더 왜 할 수 없는지, 왜 해서는 안 되는지, 왜 절대 하지 말아야 하는지로 흘러가며 그 어느 때보다도 신빙성 있는 변명을 만들어낸다.

한 가지 마음에 새겨야 할 점은, **생각으로 생각 과잉을 벗어나거나, 걱정으로 불안에서 벗어날 수 없다는 것이다.** 이런 생각과 걱정을 하면 계속해서 같은 자리를 맴돌 뿐이다. 반추는 오래된 동화(리머스 아저씨 Uncle Remus ― 옮긴이) 속 "타르 인형"과 같아, 씨름할수록 점점 더 얽매여 빠져나오지 못한다(동화 속 여우는 토끼를 잡으려 타르 인형을 만들었고, 토끼는 인사를 받지 않는 인형이 괘씸해 혼을 내주려다 끈끈한 타르 인형에 몸이 엉겨 붙어 여우에게 잡힌다 ― 옮긴이). 즉 생각 과잉과 싸울 가장 좋은 방법은… 생각 과잉과 싸우지 않는 것이다. 대신 주변 세계와 교류해야 한다.

불안은 고대의 진화적 적응으로, 전적으로 우리의 생존을 위해 존재하고, 특히나 공포와 과다 각성이야말로 이 목적에 부합한다. 공포와 각성은 우리의 생명을 지켜내기 위한 행동으로 전환된다. 현대 용어에서 고민과 걱정은 잠재적 문제에 우리의 주의력을 집중시키고 이를 해결하기 위한 조치를 취하게 만든다. 다만 스트레스를 느껴도 이것이 생존에 유리한 행동으로 전환되지 않을 경우, 일시적인 공포와 걱정은 제 몫을 다 한 뒤에도 사라지지 않고 계속 남아, 우리의 몸과 마음에 해를 끼친다. **그리하여 만성적인 걱정과 반추는 과도한 생각 탓이 아니라 의미 있는 행동을 취하지**

않은 탓이라고 이해할 수 있다.

지능이 높은 사람들 가운데 다수가 반추와 생각 과잉의 덫에 빠지는데, 이는 문제를 생각하는 것이 문제를 해결하는 것이라고 믿기 때문이다. 하지만 **걱정이 문제 해결 행동의 일종이라는 것은 반추가 우리에게 하는 첫 번째 거짓말이다.** 이들은 유년 시절의 복잡한 문제를 하나하나 풀어나가 보려 심리 치료를 받고, 온갖 괜찮은 책을 읽는 데 오랜 시간을 투자하고는, "내향적인" "대단히 민감한" 등등 현대 자기계발 시장에서 붙이는 수식어로 자신을 분류하고, 제법 어려운 말로 포장된 이유와 변명, 타당한 사유를 찾아낸다. 이 과정에서 이들은 자신의 상황을 개선시킬 한 가지(행동)를 놓칠 뿐만 아니라 특정 사고방식과 신념들을 더욱 강화시키며, 앞으로도 행동을 취하기가 더욱 어려운 상태로 자신을 몰아넣는다. 잔인한 말처럼 들리겠지만 불안한 사람들에게 생각 과잉의 해결책이라고 내놓는 것들 거의 다가 사실은… 생각 과잉에 더욱 빠져들어야 한다고 말한다.

우리는 반추를 완전히 몰아낼 수 없다. 인간의 정신은 잠재적 위험과 위협에 집중하고 경계하도록 설계되어 있다. 그것이 인간 마음의 본성이다. 우리는 불완전하고, 모든 인간은 무엇보다도 집단에서 사회적으로 수용되길 갈망한다. 이는 성격적 결함도 아니고, 대단한 실존적 위협도 아니다. 도리어 걱정과 불안은 정상적인 기제일 때도 있다. 걱정과 불안이 어느 선까지 당신의 행동을 지배하고 결정하도록 둘 것인지의 문제일 뿐이다. 당신의 반추에 울타리를 세우는 몇 가지 방법을 아래 소개하겠다.

수용한다

어떠한 사안을 고민하거나 과도하게 생각하거나 반추하는 자신의 성향을 판단하고 비난하는 것은 그저 생각의 산더미에 또 다른 생각을 얹는 것밖에 되지 않는다. 스트레스를 받거나 자기 비판적인 태도를 비난하며 스스로에게 더 많은 문제를 안겨줄 필요는 없다. 자신을 비난하는 것을 인식하는 순간에는 한 걸음 물러나 스스로를 한 번 비웃는 것으로 이 악순환을 끊어낼 수 있다. 심리적 거리를 벌리고 최대한의 연민을 발휘하는 동시에 자기 자신을 심각하게 받아들이지 않겠다고 선을 긋는다. 원한다면 자신의 걱정에 이름과 정체성을 부여할 수도 있다. "아, 안녕, 밀드러드, 또 너로구나…. 이번에도 내가 세상에서 가장 끔찍한 인간이라고 말해주려 이렇게 행차한 거겠지?"

반추와 걱정, 불안은 인간적인 일이다. 확인하고 놓아주면 된다. 파도의 물마루처럼 높아졌다가 얼마간 그 기세를 유지하고는 사라진다. 왜 꽉 붙잡고는 필요 이상으로 더 오래 지속되게 만드는가? 수용은 흘러가게 하지만 저항과 판단은 더욱 길게 지속시킬 뿐이다.

마음챙김을 행한다

생각 과잉은 마치 훈련도, 절제력도, 자기 인식도 부족한 강아지가 새로운 대상이 나타날 때마다 이리저리 흥분해 날뛰는 것과 같은 마음 상태다. 이때 명상은 **머릿속에 스치는 생각 하나하나에 꼭 동참하지 않아도 된다**는 사실을 일깨워 준다. **어떠한 생각이 들었다고 해서 그 생각을 계속 품어야 하는 것은 아니다.** 어떠한 생각이 떠올랐다고 해도… 뭐, 꼭 무슨 의미가 있는 것은 아니다. 좋은 생각인지 나쁜 생각인지를 판단할 필요도 없다. 평화롭고도 고요하게 가만히 앉아있고 싶다면 아무 생각도 하지 않고 그저 앉아있어도 된다.

당신의 의식의 흐름을 말 그대로 물줄기라고 생각해 보자. 어떠한 생각이 떠오르면, 그것을 생각 그 자체로 보고는 강물의 물줄기를 따라 떠내려간다고, 그렇게 영원히 사라졌다고 상상하는 것이다. 당신의 생각들이 메타meta적 성격을 띠기 시작한다면(가령 당신이 잘하고 있는지를 걱정하는 식이다) 그 생각 또한 물줄기로 흘러 들어가 멀리 떠내려가는 모습을 그저 지켜본다. 하루에 10분씩 이 훈련을 한다면, 생각이 언제든 우리 머릿속에 "불쑥" 등장한다 해도 향후 어떤 일이 벌어질지는 우리가 선택할 수 있다는 사실을 점차 분명하게 이해하게 될 것이다.

"걱정 시간"을 정한다

앞서 걱정과 불안이 어떻게든 유용하고, 머릿속으로 자꾸 생각을 곱씹으면 재앙을 피할 수 있을 것만 같다는 생각에 사로잡힌다는 반추의 거짓말에 대해 말했다. 하지만 생각을 한다고 재앙을 피할 수 있다는 것은 사실이 아니다. 반추의 거짓말을 잊지 않을 한 가지 방법이 있다. 걱정이 작은 역할을 할 수 있지만, 이는 당신이 정한 방식과 스케줄에 따라 걱정할 때만 가능하다는 점을 깨닫는 것이다.

머릿속이 걷잡을 수 없는 상태가 되면 다음의 방법을 시도해 보길 바란다. 당신의 불안한 마음에게 이렇게 말하는 상상을 하는 것이다. "고마워. 좋은 지적이야. 메모해 둘게." 그런 뒤 노트에 떠오른 걱정을 한두 줄로 기록한다. 가령 "배우자의 부모님들께서 내가 드린 크리스마스 선물을 마음에 들지 않아 하고 이러쿵저러쿵 평가할 것 같아"라고 쓸 수 있다. 이제 기록한 걱정을 바라보며 의식적으로 스스로에게 이렇게 말한다. "이 문제는 더는 걱정할 것 없어. 이렇게 적어두면 잊지 않을 테니까." 이후 그 생각이 다시금 불쑥 등장하면 즉각 이렇게 말해준다. "아, 상기시켜 줘서 고맙지만 이미 처리했어. 노트에 적어뒀거든."

그런 뒤, 하루에 한 번 지정된 "걱정 시간"을 가진다. 15분에서 20분 정도 아무런 방해도 받지 않고 노트에 적힌 일들을 *걱정하는 데만* 온전히 마음을 쏟는다. 이 시간 동안에는 원하는 만큼 걱정하되, 이 시간이 끝나면 걱정하지 않는다는 게 약속이다. 물론 이후 걱정거리를 노트에 적는 시간은 예외다. 걱정 시간을 가지면 몇 가지를 경험하게 될 것이다.

- 당신의 마음이 얼마나 지루하고 반복적인지를 깨달을 것이다! 당시만 해도 걱정거리가 백만 개쯤 되는 것 같았지만 알고 보니 두세 가지 걱정이 이리저리 날뛰었다는 것을 말이다.

- 걱정을 하든 안 하든 결과는 같다는 사실을 알게 된다. 그렇다면 걱정이 무슨 소용일까?

- 아침에는 생사를 가르는 중요한 사안 같았지만 오후에는 갑자기 엉뚱한 문제처럼 느껴질 수 있다. 반추의 꽁무니를 따라 이

리저리 사방으로 쫓아다니고 나서야 반추라는 것이 얼마나 변덕스럽고 무의미한 일인지를 깨닫는다. 반추란 정말 너무 피곤하지 않은가?

- 걱정이 실제로는 그 어떤 문제도 해결해 주지 않는다는 사실을 깨닫기 시작한다. 당신이 걱정했던 일은 실제로는 벌어지지 않거나, 애초에 추상적이고도 터무니없는 걱정이었거나, 당신의 불안 어린 개입 없이도 알아서 해결되었을 것이다.
- 걱정 시간에 이르니 걱정을 하고 싶지 않다는 기분이 들 수도 있다. 그 감정을 자세히 들여다보며 어디서 온 감정인지를 묻는다.

당신이 꾸준하게 노트에 적은 생각들을 호기심 어린 눈으로 바라본다. 이 생각들이 내면의 비평가의 핵심 신념들인가? 이 신념들에 반박하며 많은 것을 천천히 바꿔나갈 수 있지 않겠는가?

외재화한다 •

불안은 외부로 방출되고 현명한 행동으로 발현되어야 한다는 점을 명심하길 바란다. 생각 과잉에 빠질 때면 스스로에게 이렇게 묻는다. "이 불안을 떨쳐내고 해소하는 데 어떠한 행동이 도움이 될까?"

밤새 질병을 걱정하느라 한숨도 자지 못했다면 걱정을 멈추고 곧장 병원에 진료 예약을 잡는다.

짝사랑하는 상대가 당신을 어떻게 생각할지 마음을 졸이느라 괴로울 지경이라면 걱정을 멈추고 직접 물어본다.

회사 업무를 자꾸 미루면서도 마감을 지키지 못해 해고를 당하면 어쩌나 반추를 멈추지 못하겠다면, 당장 해당 프로젝트를 시작하는 작은 첫걸음을 떼본다. 또 반추가 시작되면 생각을 멈추고, 아무리 사소한 일이라도 좋으니 이다음에 무엇을 해야 할지 신중하게 생각한다.

지금 무슨 이야기를 하고자 하는지 이해할 것이다. 이렇게 할 때 얻을 수 있는 한 가지 결과로, 당신은 백만 가지의 모호한 가능성과 선택지를 걱정하는 것보다 실천을 하는 편이 낫다는 것을 깨닫게 된다. 적절한 행동이 무엇인지 무척이나 명백하게 드러나고 실행하기 쉬울 때도 있지만, 그 행동을 하기 위해 빈틈없이 전략을 세워야 할 때도 있다. 상황의 어떤 부분은 당신의 통제 아래 있겠지만 또 어떤 부분은 당신이 통제할 수 없을 테니 말이다. 반추 대신 통제 영역이 어디까지인지를 신중히 검토하고 지금 당장이 아니라도 다음 단계에 무엇을 해야 할지 계획을 세운다.

두 번째 결과는 당신이 걱정했던 일이 사실은 당신의 통제 범위 밖에 있기에 할 수 있는 일이 없다는 깨달음이다. 이 경우, 잠시 멈춰 현실을 깊이 받아들인다. 문제를 해결하기 위해 할 수 있는 일이 없다. 걱정해 봤자 현실은 달라지지 않는다. 걱정하지 않아도 마찬가지다. 이 상황에서 걱정을 계속하겠다는 것은 그 시점에서 당신이 내리는 선택이라는 점을, 이렇다 할 이유 없이 의도적으로 자신을 불행하게 하는 선택이라는 점을 분명하게 이해해야 한다.

때로 외재화externalize는 진즉에 세웠어야 했을 경계를 설정하거나, 당신의 삶에 도움이 되지 않는 무언가를 제거한다는 의미가 될 때도 있다. 어떤 경우 정말 필요한 것은 대화일 때도 있다. 머릿속에서 우리 자신과 이야기를 나누다 보면, 대화는 편협하고 반복적이며 제자리를 맴돌게 될 때가 많다. 타인과 대화할 때면 사람들이 의견을 더하고, 이의를 제기하고, 힘을 실어주고, 생각지 못한 조언을 전하는 덕분에 우리의 걱정은 변화하고 확장된다. 누군가와의 진실한 대화가 해로운 내적 독백의 가장 좋은 치료 약이 될 때도 있다.

마지막으로 주의 환기의 힘을 과소평가하지 않는다. 당신이 취하려는 행동은 어쩌면 당신의 반추와는 무관한 것일 수도 있다. 예컨대 불안을 느끼고 내면에 너무 몰입될 때, 외부로 나가 잠시간 달리기를 하거나, 집을 대청소하거나, 심지어 잠시나마 자신을 완벽히 잊을 수 있는 쇼핑몰에 가는 사람들이 많다. 이렇듯 갑자기 다른 일을 하거나 다른 공간으로 이동하거나 아예 집 밖을 나가는 것이 도움이 될 수 있다.

당신의 불안을 파헤쳐 의미를 찾는다

물론 우리의 불안이 가리키는 "행동"이라는 것이 조금 더 추상적일 때도 있다. 이때는 부정적인 사회적 경험을 되새기며 거기서 가치 있는 교훈을 찾아내려 노력해야 한다. "내가 이번 일로 무엇을 배울 수 있을까?" "어떤 교훈이 있을까?" 같은 질문을 스스로에게 한다. 이렇게 관점을 전환하면 건설적으로 나아갈 수 있게 된다.

불쾌한 경험에서 교훈을 얻는 것은 그 일에 마침표를 찍는 한 가지 방법이자 당신의 마음에게 "좋아, 이제는 넘어갈 수 있어"라고 말할 수 있는 방법이기도 하다. 전문가들은 다음과 같은 이론을 제시했다. PTSD를 경험한 사람들은 내면의 문제를 해결하고 싶고, 도대체 일이 다 어긋나 버린 이유가 무엇인지 알고 싶고, 이미 다 지난 후임에도 일종의 통제력 같은 것을 되찾고 싶은 마음에 정신적 외상을 초래한 당시의 경험으로 다시 돌아가 그 경험을 거듭 재생한다는 것이다. PTSD 환자들 다수가 자신의 경험에서 어떠한 의미를 발견하면서 얼마간의 위안을 얻는 이유도 이 때문이다. 그 의미란 자신과 같은 일을 겪은 누군가를 돕거나, 특정 사회운동에 참여하거나, 자신의 스토리에서 영적, 철학적 의의를 찾거나, 자신이 가진 가치관과 원칙들을 다시금 깨닫거나, 인간으로서의 성장과 발전을 즐기는 것 등 다양한 형태로 나타난다.

 이보다 규모는 작지만 당신도 이렇게 할 수 있다. 가령 "그렇게 멍청하게 굴다니 한심해 죽겠어"라는 생각을 곱씹기보다는 "오늘의 경험을 발판삼아 다음번에 프레젠테이션을 잘하려면 어떻게 해야 할까? 어떤 면을 개선해야 할까?"라고 질문한다. 긍정적인 배움의 태도로 전환한다면 고통이나 불편함도 *의미* 있는 무언가로 탈바꿈하고, 과거의 일에 연연하지 않으면서 앞으로 나아갈 수 있을 것이다.

노출 치료로
불안을 탈피한다

노출 치료exposure therapy는 전통적인 인지행동적 접근법으로, 본질적으로 부정적인 연결 고리와 조건화된 반응을 삭제하고 새로운 연결 고리와 반응이 자리할 수 있는 상태를 조성하는 것이다. 이론에 따르면 불안은 학습되고 조건화된 반응이며, 이는 바꿔 말하면 탈학습unlearn도 가능하다는 뜻이다. 견딜 수 없고 위협적이라 믿는 상황을 지속적으로 경험하지만 당신이 두려워하던 결과는 벌어지지 않는다는 사실을 반복적으로 확인하면 "이것은 두려운 것이다"라는 신념이 어느새 근거가 없다는 사실을 조금씩 깨닫게 된다.

노출 치료에서는 자신이 두려워하는 상황을 마주하겠다고 선택하는데, 이 과정에서 기존의 불안 반응이 약해지다 마침내 사라진다. 때로는 의도적으로 해당 상황과 트리거들을 긍정적인 무언가와, 즉 두려움과 회피가 아닌 무언가와 연계시켜 과정을 단축할 수 있다. 이를테면 가장 흔한 기법으로는 특정한 감각들(심박이 증가하고 손에 땀이 나는 등의 감각)을 두려움이 아니라 흥분으로 해석하는 법을 배우는 식이다.

공포증과 불안증 그리고 다른 모든 형태의 두려움 회피 반응의 문제는 해당 환자들이 도피가 효과적인 전략이라는 점을 학습할 기회가 너무 많았다는 것이다. 이들은 두려운 상황에서 도망치거나, 그 상황을 아예 회피하거나, 중립적인 자극을 의도적으로 위협이라 해석하는 경향이 있다. 이 때문에 두려운 상황에 노출되었을 때 견디는 법을 배우지 못한 것이다. 고로 "노출 치료"라는 이름은 조금 오해의 소지가 있다. 노출 하나만으로 불안이나 공포증이 치료되는 것은 아니기 때문이다. 해당 노출에 어떻게 반응하고 우리가 경험하는 불편함을 어떻게 처리할 것인지에 관해 새로운 행동과 태도, 생각과 감정을 학습하려는 의도적인 노력이 중요하다.

노출 치료와 체계적 탈감각화, "홍수법 flooding(두려운 대상에 강하게 노출시켜 공포를 없애는 치료법 — 옮긴이)" 등 다른 여러 치료법들은 개개인의 상황에 가장 적절한 접근법을 택할 줄 아는 숙달된 심리치료사와 함께 하는 것이 가장 이상적이다. 하지만 당신이 기본 원칙들을 잘 이해만 한다면 전문가의 도움 없이도 혼자서 해볼 수 있는 몇 가지 방법이 있다.

그중 하나는 *단계별 노출*로, 더 간단히 말하자면 "작은 단계들"을 이용하는 것이다. 예열이나 준비 없이 곧장 당신이 가장 두려워하는 대상을 마주한다면 역효과가 발생할 수 있다. 그 대상이 공포스럽다는 생각이 더욱 깊이 각인되기 때문이다. 이전과는 다르게 대처하는 법을 학습하지 못한 채 공포 상황을 벗어난다면 조건화된 반응(도피)이 더욱 강화되어 다음번에도 도피할 확률이 높아진다. 반면 노출의 진행이 너무 늦으면 오래된 연결 고리가 고착되어 당신의 머릿속에는 이 연결 고리를 바꿀 방법이 없다는 믿음이 강해진다.

단계별 노출: 순차적으로 진행한다

1단계: 당신의 두려움을 파악한다

당신이 가장 불안을 느끼는 상황이나 장소, 활동은 무엇인가? 하나 이상이거나, 당신이 느끼는 공포의 형체가 흐릿하면서 여러 요인이 동시에 작용하는 경우라면, 당신에게 가장 큰 두려움을 주는 한 가지를 고르거나, 불안이 가장 커지는 구체적인 상황 하나를 선택한다. 한 번에 하나씩만 다룬다. 가령 현재 가장 두려운 것으로, 아는 사람이 아무도 없는 파티에 가서 낯선 사람들과 대화를 나눠야 하는 상황을 꼽을 수 있겠다.

2단계: 분해한다

해당 상황을 작은 부분들로 나누면서 상황에 약간씩 변화를 준다. 파티에서 낯선 사람들과 대화를 나누는 사례를 들자면 다음과 같다.

- 아는 사람들만 있는 파티에 참석하기
- 아는 사람이 한두 명뿐인 파티에 참석하기
- 아는 사람이 한 명도 없는 파티에 참석하기
- 카페에서 열리는 소규모 모임에 참석하기
- 술집이나 바에서 열리는 소규모 모임에 참석하기
- 친한 친구 집에서 소수의 사람이 모이는 자리에 참석하기
- 친구 집에서 많은 사람이 모이는 자리에 참석하기
- 집에서 가까운 친구와 일대일 대화를 나누기
- 집에서 지인과 일대일 대화를 나누기
- 집에서 낯선 사람과 일대일 대화를 나누기

- 아는 사람이 한 명도 없는 파티에서 낯선 사람과 일대일 대화를 나누기

…등등 계속될 수 있다.

시간을 들여 천천히 작성해 보길 바란다. 저마다 다른 리스트가 나올 것이다. 조금씩 변주를 더한 상황을 최소 열 개, 가급적 그 이상을 적어본다.

3단계: 점수를 매긴다

이제 리스트를 보며 각 활동에 어느 정도의 불안을 느끼는지, 불안의 정도를 0점에서 100점까지 점수로 매겨본다. 그런 뒤 다음과 같이 내림차순으로 리스트를 정리한다.

- 아는 사람이 한 명도 없는 파티에서 낯선 사람과 일대일 대화를 나누기 - 100
  - 아는 사람이 한 명도 없는 파티에 참석하기 - 90
  - 아는 사람이 한두 명뿐인 파티에 참석하기 - 85
  - 아는 사람들만 있는 파티에 참석하기 - 83
  - 술집이나 바에서 열리는 소규모 모임에 참석하기 - 80
  - 카페에서 열리는 소규모 모임에 참석하기 - 72

- 친구 집에서 많은 사람이 모이는 자리에 참석하기 - 45
- 친한 친구 집에서 소수의 사람이 모이는 자리에 참석하기 - 43
- 집에서 낯선 사람과 일대일 대화를 나누기 - 40
- 집에서 지인과 일대일 대화를 나누기 - 35
- 집에서 가까운 친구와 일대일 대화를 나누기 - 25

이 훈련을 통해 상황에 가장 큰 영향을 미치는 요소가 무엇인지를 조금 더 정확하게 파악할 수 있다(우리의 사례에서는 낯선 사람보다는 크고 시끄러운 파티 장소가 불안을 더욱 유발하는 요인이다). 한편 매번 도망치기만 한다면 자신의 두려움에 관해 이렇듯 미묘하고도 세밀하게 이해할 수 없을 것이다.

이 정보들을 취합해 나가는 동안 지금 현재의 모습에서 당신이 되고 싶은 모습으로 천천히 이끌어줄, 단이 고르게 난 멋진 사다리 하나를 만든다고 상상해 본다. 좋은 사다리란 발판이 충분하고 발판의 간격이 거의 동일해야 한다. 우리의 사례를 들자면 발판의 간격이 발을 떼기에 부담스러울 정도로 벌어지지 않도록, 친구 집에서 많은 사람이 모이는 자리에 참석하기(45)와 카페에서 열리는 소규모 모임에 참석하기(72) 사이에 추가적으로 몇 가지 상황을 더할 수 있겠다. 카페보다는 약간 두렵지만 술집이나 바보다는 두렵지 않은 장소를 방문하는 상황을 포함시키기로 할 수도 있다.

"낮 시간에 트렌디한 음식점에서 식사하기"와 "사람들이 북적이는 주말 저녁에 트렌디한 음식점에서 식사하기"를 추가한 후 각각에 점수를 매기는 것이다.

두 가지를 기억해야 한다. 이 리스트는 온전히 당신만의 것이고 전적으로 주관적이다. 또한 이 리스트는 영구적이지 않다는 점이다. 과정이 진행됨에 따라 변경될 수 있다. 이 훈련을 시작한 후 단계를 조금 더 미세하게/촘촘하게 조정하겠다거나, 막상 해보니 두렵지가 않아 몇 단계를 하나로 합쳐야겠다는 생각이 들 수도 있다.

3.5단계(선택 항목): 이완을 훈련한다

마음을 진정시키는 기술 중 무엇이든 좋아하는 기술을 훈련하고 연습한다. 앞서 소개한 "안전한 공간"이 한 가지 방법이 될 수 있지만 호흡법이나 시각화, 마음챙김, 근육 이완 등을 병행해 적극적으로 자신을 더욱 진정된 상태로 유도한다. 어떤 기술이든 준비 과정에서 충분히 연습해야 당신이 원할 때 자유롭게 진입할 수 있다.

4단계: 시작한다

사다리 제일 밑에서 시작해 첫 번째 활동을 실행한다. 강제적으로 하는 것도, 해야만 하는 상황에 몰린 것도 아니라 당신이 선택해서 하는 행동임을 명심하길 바란다. 그럼에도 중요한 점은 두려운 상황에서 벗어나려 하지 말고 상황 안에 머물러야 한다는 것이다. 두려운 상황을 견디는 과제를 완수해야 한다. 이 과정에서 자기 자신에게 긍정적인 응원의 말을 전해주는 정신적 코치가 되어준다.

"잘하고 있어."
"너는 지금 아무 문제 없고, 잘해낼 수 있어."
"네가 이 상황을 잘 통제하고 있어."
"너는 안전해."

앞서 소개했던 전략들과 병행해 볼 수도 있는데, 가령 이 과제를 어떻게 해야 할지 상상으로 미리 연습을 해보거나 이 상황을 두려워하지 않을 누군가가 되어 그 사람이라면 어떻게 행동할지 역할극을 해볼 수도 있다. 과제를 완수한 후에는 불안 반응을 약화시키는 일이 대단히 중요하다. 예를 들면 3.5단계의 이완 기술을 이용하는 것이다. 집에서 친구와 일대일 대화를 나누는 과제를 하는 동안 의식적으로 호흡법을 병행하거나 대화를 시작하기 전과 후에 시각화를 하며 마음을 진정시킬 수 있다. 두려운 상황과 침착함, 이완의 감정을 의도적으로 연계시키는 것이다.

불안한 감정이 사라질 때까지 해당 상황에 머무는 것도 가능은 하지만, 이것은 시간이 걸리는 일이다. 기다리기보다는 주도적으로 자기 자신을 더욱 침착한 마음 상태로 이끌어 진행 속도를 높일 수 있다. 어떤 방법을 택하든 회피하거나 도피하거나 주의력을 분산시키지 않는다. 그 상황과 감정에 머물러야 한다.

5단계: 사다리를 오른다

사다리 한 단을 완수했다면 잠시 멈춰 스스로를 자랑스러워하고 하나의 중요한 단계를 마쳤음을 자축하는 시간을 갖는다. 다음 단을 오르기에 앞서 현재의 단에 온전히 편안함을 느끼는 것이 중요하기에, 두려움이나 공황을 더는 경험하지 않을 때까지 같은 과제를 몇 차례 반복해도 된다. 해당 과제가 중립적이고 수월하게 느껴져야 한다. 당신이 그 상황에 무관심하다 싶을 정도로 말이다.

훈련을 진행하는 동안 자신의 자아 개념과 핵심 신념들을 조정해 나갈 여유를 스스로에게 주길 바란다. 특히나 단이 높아지면 자신의 신념과 가정에 반하는 증거들을 지속해서 마주한다는 생각이 들기 시작할 것이다. 이를 인식할 시간을 갖고, 자신의 변화 과정을 반영해 오래된 신념을 의식적으로 새롭게 바꿔나간다. 사다리를 오르며 다음의 말을 되뇐다. 당신은 지금 스스로에게 새로운 학습의 기회를 주고 있고, 한 단을 오를 때마다 한때 두려웠던 일들을 해낼 수 있음을 배우는 경험을 하고 있다.

자신의 안전지대를 벗어난다

단계별 노출은 두려움과 공포증을 극복하는 데 훌륭한 방법이지만, 해결해야 할 큰 심리적 문제가 없더라도 자신의 안전지대를 살짝 벗어난 삶을 살겠다고 의식적으로 선택할 수 있다. 안전지대를 벗어난다는 것은 너무도 두려운 일들을 지속적으로 시도하며 스스로를 공포로 몰아넣는 게 아니라, 단조롭고 안전하고 예측 가능한 영역에서 다소간 벗어나는 것을 의미한다. 가장 좋은 지점은 그 중간 어디쯤, 약간의 도전을 받고, 흥분되고, 영감을 얻고, 약간의 긴장감을 느끼는 지점이다. 가령 동료에게 항상 "안녕"이라고 인사를 했고, 이제 이런 인사가 편하게 느껴질 즈음 안녕 외에도 몇 마디를 더 나누거나 약간의 농담을 건네는 식으로 나아가는 것이다. 고개를 숙이고 걷는 자세가 익숙하다면 이제는 시선을 조금 올려 사람들과 눈을 맞추거나 미소를 보인다. 혼자 점심을 먹는 대신 예전에는 피하려 했던 사람들과 함께 앉아 식사한다.

회피가 최고라고 학습하는 대신 색다른 무언가와 약간의 불편함을 즐기는 태도를 훈련하는 것이다. *다가가는* 삶의 방식을 함양하고, *멀어지고자* 하는 성향에 지속적으로 저항해야 한다.

- **자신이 바꾸고 싶은 특정 행동을 파악한다.** 변화의 과정이 감당할 수 있는 수준이 되도록 한 번에 한 가지 행동만 다룬다. 바꾸고 싶은 행동으로는 통화 대신 문자를 하거나, 시선을 피하거나, 사교 모임을 제안하지 않거나, 다른 사람이 먼저 연락해 주길 기다리거나, 회사나 학교에서 토론에 참여하지 않는 것 등이 될 수 있겠다.
- **그 행동을 바꾸고 싶은 이유를 파악한다.** 새로운 기술을 습득하고 학습하는 과정에서 불편함이 찾아올 수 있다는 사실을 이해해야 한다. 변화하겠다는 결심 뒤에 그것이 자리한 이유를 항상 유념한다. 회사에서 동료들과 조금 더 친밀함을 느끼고 싶다는 것 등이 이유가 될 수 있다.
- **어떻게 변화를 추진할 것인지 결정하고, 안전지대 챌린지를 해본다.** 한 번에 큰 변화를 시도할 것인지 아니면 작고 점진적인 변화들로 시작할 것인지 결정한다. 아래에 당신이 도전해 볼 만한 안전지대 챌린지를 몇 가지 소개하겠다.

✔ 음식을 주문한 뒤 계산대 직원과 짤막한 대화를 나눈다.

✔ 모임에 참석한다.

✔ 한동안 대화를 나누지 못한 사람과 영상통화를 하며 그간의 소식을 듣는다.

✔ 거리에서 모르는 여자/남자에게 접근해 칭찬의 말을 건넨다.

✔ 당신의 삶 속 소중한 누군가에게 당신이 얼마나 그 사람을 중요하게 생각하는지 알려준다.

안전 추구 행동을 멈춘다

불안의 관점에서 보면 두려운 무언가를 마주할 때의 해결책은 어떤 방식으로든 당신을 그 상황에서 빼내는 것이다. 도망치거나, 회피하거나, 도피하는 것처럼 말이다. 포효하며 당신을 잡아먹으려 달려드는 야생동물을 마주했을 때라면 훌륭한 전략이겠지만, 당신이 두렵다고 단정 지은 것들이 단순히 타인이거나, 자신의 의견을 공유하는 일이거나, 사람들로 북적이는 공간이라면 상황은 조금 복잡해진다.

사회 불안의 맥락에서 "안전 행동"이란 *지각된* 위협이나 부정적인 판단에서 스스로를 보호하기 위해 채택한 대처 메커니즘이나 회피 전략을 뜻한다. 여기서는 위협이 지각되었다는 데 방점이 있다.

보통 안전 추구 행동과 도피/회피 행동은 습관처럼 굳어지는데, 이는 제 나름대로 효과가 있기 때문이다. 이를테면 사람들 앞에서 자신의 의견을 이야기할 때 불안을 느낄 수 있다. 이 상황은 즉각적으로 공황과 불편함 같은 감정을 촉발하고, 우리의 머리는 "이 사람들이 나를 평가하고 있어" "지금 바보같이 구는 거 사람들이 다 보고 있어" 같은 생각으로 순식간에 가득 찬다. 이 때문에 무엇이든 이 끔찍한 기분을 잠재울 만한 행동에 곧장 임한다. 다시는 사람들 앞에서 자신의 의견을 말하지 않겠다고 다짐하는 것이다. 이렇게 당신이 침묵하자 불안이 낮아지기 시작했다.

이후 사람들과 함께 자리했을 때 당신의 두뇌는 양 갈래 길 앞에 선다. 하나는 의견을 발표하고 불안을 느끼느냐이고, 다른 하나는 아무 말도 하지 않고 안전함과 편안함을 느끼느냐이다. 어느 길을 선택할지는 너무 뻔하지 않은가? 실제로 당신의 "해결책" 중 하나가 의견을 공유하지 않는 편이, 집단 토론에 참여하지 않는 편이, 하고 싶은 말을 꾹 참는 편이 최선이라고 스스로를 조심스럽게 설득하는 것이 될 수도 있다. 다시는 자신의 의견을 말하지 않겠다는 지침이 정체성의 일부로 고정되면서, 이를 어떤 식으로든 바꿀 수 없다고 믿기 시작할 수도 있다. 그 순간만큼은 회피와 도피를 택하는 편이 더욱 편안하기 때문에 이것이 진정한 해결책이라고 착각한다. 이와 동시에 당신은 자신이 도피하고 회피하려던 대상이 애초에 진짜 위협이 아니었다는 사실을, 당신이 위협을 잘못 인식한 게 문제였음을 놓치고 만다. 해결책은 이 지각을 바로잡는 것이지 "위협"에서 벗어나는 게 아니다.

사회 불안에서 말하는 안전 행동에는 다음과 같은 것들이 있다.

- 지나친 관심을 피할 수 있는 곳에 자리한다(가령 교실 맨 뒷줄에 숨거나 주목받지 않으려 우중충하거나 밋밋한 옷을 입는다).
- 사회적 상황에서 사람들과 밀도 있게 상호작용하지 않으려고 어떠한 역할을 연기한다(이를테면 자꾸 할 일을 찾아 뒤에서 바쁘게 움직이거나, 주방 일을 "돕거나", 음료를 담당하겠다고 자처해 계속해서 사람들과 함께 있는 공간을 벗어난다).
- 불안을 다스리기 위해 알코올이나 마약 또는 다른 약물을 남용한다.
- 달리 집중할 대상을 찾아 계속해서 전자 기기 화면이나 디지털 기기를 확인하며 당신과 타인 사이에 "완충제"를 둔다(흔한 사례로는 TV 앞에서 사회적 상호작용을 하는 것이 있는데, 이때 TV는 불편한 침묵을 메워주고 눈 맞춤을 해야 하는 필요성도 줄여준다).
- 자신이 하고 싶은 말을 과도할 정도로 준비하고 대사를 연

습한다(불확실성과 즉흥성을 회피하려는 노력의 일환이다).

- 지속적으로 상대방에게 질문하고 그들에 관한 이야기를 함으로써 상대에게 초점을 맞추지만, 사람들이 당신에 대해 물을 때면 얼른 화제를 돌린다.
- 지나치게 협조적이고 공손하며, 늘 적절한 이야기만 하려고 애쓰고, 다른 이들을 즐겁게 해주려 노력하며, 지나치게 격식을 갖춘 또는 규칙에 얽매인 상호작용을 나누려 한다(한심한 실수를 하거나, 타인에게 평가를 받거나, 의도치 않게 타인에게 상처를 주는 또는 타인의 기분을 상하게 하는 상황을 피하기 위한 노력이다).

하지만 안전 추구 행동은 이보다 더욱 은밀할 수도 있다. 문손잡이를 죽을 만큼 두려워하는 사람의 극단적인 사례를 들어보겠다. 이들은 문손잡이를 보거나 만지기는커녕 그 존재를 떠올리는 것조차 견디지 못한다. 머릿속에 문손잡이 생각이 떠오를 때면 공황에 빠지고, 곧장 명상 수업 때 배운 호흡법을 행하며 마음을 진정시킨다. 두 눈을 꼭 감은 채로 느릿하게 호흡하며 만트라를 되풀이한다. "나는 괜찮다, 나는 괜찮다." 곧 이들의 머릿속에서 문손잡이가 사라지고, 다음 날 누군가 물으면 이들은 불안을 다스리기 위해 노력하고 있고, 문손잡이 공포증을 극복하는 일에도 진전이 있다고 자신 있게 말한다.

하지만 과연 그럴까? 사실 이들은 문손잡이를 보고 진짜 위협인 듯 — 복잡한 호흡법이라는 즉각적인 개입이 필요할 정도의 위협인 것처럼 — 행동하며 문손잡이가 정말로 위험한 대상이라는 사실을 스스로에게 각인시키고 있다! 두려움을 회피하는 것은 문제를 해결하는 행위가 아니다. 즉각적으로 불안이 완화되기에 그렇게 느껴질 수도 있지만, 사실 진짜 문제(위협을 잘못 평가하는 행위)는 그 어느 때보다도 심각해진다.

문손잡이 공포증을 진정으로 극복해 나가기 위한 목표는 손잡이를 단 한 번도 마주치지 않고 살아갈 방법을 찾는 것이 아니라 회피를 허용하지 않고 꾸준하게 문손잡이에 노출되는 법을 스스로에게 가르치는 것이다. 소위 위협이라는 대상에 반복적으로 노출되어야만 최악의 상황이 벌어지지 않는 경험을 할 수 있다. 한때 견딜 수 없이 두려웠던 대상을 참아내는 법을 배우는 것이다. 안전 추구 행동에서 가장 중요한 점은 그 행동이 사실 "안전"과는 무관하다는 것을, 그저 회피의 행동이었음을 깨닫는 데 있다.

작은 쥐 한 마리를 주머니에 넣고 동네를 거니는 남성을 상상해 보자. 사람들이 왜 쥐를 주머니에 넣고 다니는지 묻자 그는 자신이 무서워하는 코끼리가 쥐를 무서워한다는 이야기를 들어서라고 답했다. 따라서 쥐를 데리고 다니는 한은 안전할 거라고 판단한 것이다. 당신은 그에게 말도 안 되는 소리라고, 코끼리가 당신을 괴롭힐 확률은 지극히 낮다고 말했다. 그는 당연하지 않느냐고 대꾸한다. 쥐가 그를 지켜주니까! 이제 이 남자에게 그의 안전 추구 행동(쥐)이 불필요하다는 사실을 설득하기 위해 어떤 말을 할지 생각해 보길 바란다. 애초에 그가 두려워하는 것이 현실적이지 못하다고 어떻게 설명해야 할까? 아마도 당신은 이렇게 말할 것이다. "일주일만 쥐를 집에 두고 혼자 다녀보세요. 그래도 코끼리가 당신을 괴롭히는 일은 없을 겁니다."

안전 추구 행동을 중단한다는 것은 본질적으로 쥐를 집에 두고 나오는 것과 비슷하다. 쥐가 우리를 안전하게 지켜준다고 생각하고, 코끼리가 거리를 돌아다니다 언제든 우리를 공격할 수 있다고 정말로 믿는다고 해도 말이다.

이쯤에서 잠시 한 가지 차이를 이야기하자면 쥐를 키우는 사람들이라고 해서 모두가 이 같은 안전 추구 행동을 하지는 않는다는 것이다! 자신만의 고유한 상황을 고려하고 특정 행동이 당신의 삶에서 어떻게 *기능하는지*를 명확히 이해해야 한다. 어떤 이는 쥐를 좋아해서, 조금 특이한 사람이기도 해서 쥐를 데리고 다닐 수도 있다. 마찬가지로 칙칙한 옷을 입거나, 술을 과하게 마시거나, 상대방에게 질문을 너무 많이 한다고 해서 이런 행동이 반드시 불안과 관련된 것은 아니다. 왜 그 행동을 하는지 그 *이유*가 중요하다. 어떠한 행동을 하지 못한다는 생각만으로 지나친 공황에 빠진다면 그 행동이 문제라는 뜻이다. 당신의 삶에서 이 행동이 어떠한 역할을 하는지 파악하는 단서가 된다.

안전 추구는 두려움을 직접적으로 마주하는 상황을 모면하게 해주는 모든 행동을 아우른다. 그 행동은 합리적일 필요도 없고 (합리적이지 않을 때가 많고), 진짜 "행동"일 필요도 없으며, 거부나 핑계, 합리화처럼 정신적 회피 전략이 될 수도 있다. 이러한 안전 행동에 의지하면 우리의 두려움이 현실적으로 타당한지 시험할 기회가 없어지기에, 두려움은 더욱 악화되고 깊이 고착된다. 두려움을 회피하기보다는 두려움에 직면하고 접근할 때 우리는 왜곡된 기대치를 시험해 볼 기회를 얻는다. 이때 두려움은 우리의 정서에 끼치는 영향력을 잃고 우리의 행동을 더는 좌우하지 않는다.

안전 행동이 불러오는 또 다른 결과는 자기충족적 예언 self-fulfilling prophecy(어떠한 기대와 예측을 믿고 이에 따라 행동하여 그 예측을 현실화하는 현상 ─ 옮긴이)의 힘 때문에 벌어진다. 가령 업무 회의 때 실수하지 않으려 침묵한다면 당연하게도 당신은 아무런 실수도 저지르지 않게 될 것이다. 하지만 이로 인해 당신은 실수를 저지르며 얻을 수 있었던 가르침들을 하나도 얻지 못한다. 조금 더 자신감 있고 편안하게 말하는 법도 배우지 못하고, 자신의 의사를 또렷하게 표현하는 능력도 서서히 잃는다. 그러다 자신의 의견을 말해야 하는 순간이 되면, 많이 해보지 않은 탓에 말을 더듬거리거나 의견을 명확하게 표현하지 못하고, 예전보다 어설프게 말할 공산이 크다. 자신의 의견을 공유하지 않는 데 너무 익숙하다 보니, 마침내 의견을 표현할 순간이 와서야 그 의견이라는 것이 얼마나 빈약한지 깨닫는다!

이는 당신이 의견을 세상에 꺼내 보여야만 그것이 다른 사람들과 상호작용하고, 다듬어지고, 수정되고, 개선될 수 있는데 그 기회를 거부했기 때문이다. 당신은 실수를 저지르는 것을 견디지 못하겠다고, 대신 안전을 추구하겠다고 결심했다. 덕택에 단기적으로 기분이 나아졌지만, 그와 동시에 몇몇 긍정적인 경험 또한 차단했다는 사실을 깨닫지는 못했다. 너무도 엄청나게 느껴지는 실수를 저지르고도 세상이 끝나지 않는 경험을 해볼 수도 있었는데 말이다!

안전 추구 행동은 잘못된 전제로 우리를 속이기 때문에 위험하다. 자칫 우리는 안전 대책들이 두려운 대상을 예방해 준다고, 견딜 수 없는 대상으로부터 우리를 지켜준다고 오해하기 쉽다. 해결책은 간단하지만 쉽지는 않다. 자신의 안전 추구 행동에 접근하지 않고, 두려움에 맞서는 것이다. 불안이 진정될 때까지 불안과 함께하는 것이다. 불편함에서 도망치지 않고 견디는 법을, 수용하는 법을 배운다. 그 방법을 간단하게 정리하자면 다음과 같다.

1단계: 자신의 안전 추구 행동이 무엇인지, 무엇으로부터 자신을 "지키고자" 그 행동을 하는지 파악한다

자신의 안전 행동을 파악하기 위해, 다음을 스스로에게 묻는다.

- 그 상황을 피할 수 없는 경우, 불안감을 낮추기 위해 어떤 행동을 하는가?
- 사회적 상황에서 불안을 느낄 때 사람들의 관심을 피하기 위해 어떤 행동을 하는가?
- 사회적 상황에서 불안을 느낄 때 타인에게 좋은 인상을 남기기 위해 어떤 행동을 하는가?
- 수차례 경험했음에도 여전히 불안을 느끼는 상황이 있는가? 그런 상황에서 불안을 낮추기 위해 어떤 행동을 하는가?

이를테면 사회적 상황에서 사람들에게 어떤 이야기를 해야 할지 고민하고 싶지 않아서, 흥미롭거나 재치 있는 말을 하지 못하는 당신을 사람들이 평가하는 상황이 싫어서, 당신은 의미 없이 휴대전화 화면을 계속 스크롤하거나 이어폰을 낄지 모른다. 또는 당신이 자신 없어 하는 주제로 대화가 번질까 봐 진부한 농담을 자꾸 한다. 당신은 사람들의 시선을 받으며 무언가 똑똑한 이야기를 해야 할 것 같은 상황, 당신을 당황스럽게 만드는 상황을 피하고자 택한 안전 추구 행동이 주제 전환 전략이라는 것을 깨닫게 된다.

2단계: 자신의 안전 행동 한두 가지를 의도적으로 중단하는 실험을 계획한다

그 행동을 하지 않으면 당신이 걱정하는 일이 벌어질까? 불편한 감정에서 도피하려 하지 않고 그저 견딜 때 어떤 일이 벌어질지 꼼꼼하게 적어보길 바란다. 이 실험의 결과를 어떻게 관찰할지 미리 계획한다. 집단에서 지금껏 조용히 있는 쪽이었다면, 스스로에게 도전해 자신의 의견을 말했을 때 어떤 기분을 느꼈는지 살펴보고, 또한 어떤 일이 일어나는지도 지켜본다. 당신의 상상처럼 사람들이 정말 지루해하거나, 무관심하거나, 적대적이었는가? 자신의 의견을 표하는 것은 두려운 일이라고 믿었던 근거가 무엇이 있었는지 생각해 본다. 어쩌면 사람들이 당신에게 조용히 하라고 하거나, 당신을 무시하거나, 모욕할 거라고 생각했을지 모른다. 그렇다면 실험 때는 타인이 이러한 행동을 보이는지 적극적으로 살펴야 한다. 당신이 생각했던 것처럼 사람들이 정말 그런 행동을 보였는가?

3단계: 실험을 진행하고 데이터를 분석한다

당신이 안전 추구 행동을 거스를 때 실제로 어떤 일이 벌어지는지 주목한다. 회의 때 의견을 발표하거나 일부러 집에 이어폰을 두고 나오는 식이다. 처음에는 두렵고 불편했지만, 사람들은 대체로 친절하다는 것을, 적어도 중립적이라는 것을 금세 알아챌 것이다. 이전에는 어렵게 느꼈던 상황에서도 *당신이 괜찮을 수 있다*는 사실을 잠시 멈추어 인식한다. 당신이 어떻게 대처했는지를 살피고 어떻게 해야 불편함을 견디는 시간을 늘릴 수 있을지 생각해 본다. 당신이 자신에 대해 그리고 특정 상황에 대해 어떤 신념이 있는지 살펴보고, 그 신념에 조정이 필요한지 고민한다. 물론 자축하는 것도 잊어서는 안 된다! 두려움에 맞서는 데는 용기가 필요하다. 당신도 두려움에 맞설 수 있다는 구체적인 근거를 얻은 것이 기쁘지 않은가? 칭찬할 만한 일에는 마땅히 스스로에게 칭찬을 건네고, 다음에는 어떤 실험을 진행해 볼지 고민한다. 이후 사람들 앞에서 당신의 의견을 발표할 때는 그리 대중적이지 않은 의견을 공유해 보는 것도 좋겠다. *그렇게 하면 어떤 기분이 들 것 같은가?*

안전 추구 행동은 교묘한 회피 행동이다. 단기적으로는 안전하다는 느낌이 들게 하지만 장기적으로는 불안을 더욱 지속시킬 뿐이다. 안전 추구 행동은 사람마다 다르므로, 불안을 낮추기 위해 자신이 정확히 어떤 행동을 하는지 그리고 어떻게 하면 더욱 건강한 접근법을 선택할 수 있을지 고민하는 것은 중요하다. 어떠한 행동을 하지 못할 때 불안함을 느낀다면 안전 추구 행동일 가능성이 높다. 이 습관을 버리면 단기적으로는 불안이 높아질 수 있지만 장기적으로는 두려움에서 해방될 수 있을 것이다.

사회적 불안과
사회적 소진을 구분한다

학창 시절부터 알고 지내던 친구 두 명이 당신이 사는 지역을 방문한다고 생각해 보자. 몇 달 만에 얼굴을 보는 상황이다. 두 사람 모두 당신이 보고 싶어 하던 이들이었고, 이 친구들과 함께 보내는 시간은 언제나 즐거웠다. 당신의 가장 오래된 친구들이자 가장 가까운 친구들이다. 도착 일주일 전에 당신은 계획을 세우고 주말 동안 함께 무엇을 할지 재밌는 일정들을 생각해 두었다. 친구들의 방문에 정말 신이 났다. 하지만 어쩐 일인지 금요일이 되자 조금씩 두려워지기 시작했다.

힘들고 고된 한 주를 보낸 탓에 솔직히 피곤한 상태였다. 친구들을 위해 세운 계획을 따르면서도 억지웃음을 지으며 실제보다 더 즐거운 척하는 자신을 발견했다. 시간은 더디게 흘렀고 당신은 점점 더 불안과 짜증에 시달렸다. 저녁 즈음에는 그저 다들 가버렸으면, 좀 혼자 있었으면 하는 마음뿐이었다.

다음 날에는 피곤하고 예민해진 탓에 평소처럼 매력적으로 대화에 참여하지 못했고, 분위기를 어색하게 만드는 이야기를 몇 마디 하는 바람에… 더욱 서먹해졌다. 당신의 말수는 줄어들었고 친구들도 그런 분위기를 눈치챘다. 어쩐지 대화가 고역같이 느껴졌고, 이내 아무도 그 시간을 즐기지 않고 있음이 훤히 보일 정도가 됐다. 주말이 끝나가고 친구들이 떠날 시간이 되자 당신은 지쳤고, 기분도 가라앉았으며, 전까지만 해도 의식하지 않았던 친구들의 짜증스러운 결점과 단점들을 자꾸 곱씹게 되었다.

이런 생각도 들었다. "나는 좀 특이하고 사회적으로 불안한 사람이야. 내향적인 성향인데다, 오랫동안 같이 있으면 금세 피곤해져. 사람들과 어울리는 게 이렇게나 고역인데 굳이 이런 자리를 가져야 할까?"

이들이 당신의 친구고, 친구들이 오기만을 고대하고 있었으며, 보통 때는 이들과 보내는 시간을 즐겼다는 사실을 까맣게 잊었다. 무슨 일이 벌어졌던 걸까? 사실 당신은 사회적으로 불안하거나 내향적인 사람이 아닐 수도 있다. 그저 사회적 배터리가 고갈된 상황에서 사람들과 어울리려고 노력한 것일지도 모른다.

사회적 소진social exhaustion은 미국 심리학 협회APA, American Psychological Association에서 공식적으로 인정한 증상은 아니지만, 많은 이들이 곧장 공감할 만한 개념이다. 사회적 소진은 대체로 사람들과 시간을 보낸 후 진이 빠지고 과도한 자극을 받은 듯한 느낌을 말한다. 개개인의 외향성, 내향성 정도에 따라 사람마다 다르게 발현되고, 생애주기에 걸쳐서도 그 증상과 정도가 달라질 수 있다.

사회적 소진의 신호로는 이전까지는 즐겼던 사회적 교류 상황에서 과민해지고, 참을성이 줄어들며, 즐거움을 덜 느끼는 증상을 들 수 있다. 익숙한 이야기인가? 여기서 사회적 소진을 다루는 이유는 그 "증상"이 사회적 불안과 비슷해 보이기 때문이다. 하지만 치료법은 완전히 다르다.

몇 년간의 코로나 봉쇄 이후 재택근무를 마치고 어색하게 일터로 복귀한 사람들이 많아지며, 사회적 소진을 그 어느 때보다도 쉽게 알아차릴 수 있게 되었다. 이전에는 감당할 수 있었던 동료들과의 잡담과 회의, 사교 모임이 어느새 너무도 부담스럽게 느껴지기 시작했다. 사회적 소진의 영향을 일터에서는 잘 알아차리지 못하는 이들도 있다. 또 어떤 경우는 근무 시간에 사회적 소진을 경험하거나, 회사 밖의 사회적 모임에 참여할 때 이러한 상호작용에서 오는 만족감이 예전과 다르다고 느낄 수도 있다. 또 다른 이들은 사회적 소진을 혼란스러워하는데, 한편으로는 사회적 상호작용을 간절히 바라면서도 정작 상호작용을 할 때면 에너지가 소진되고 짜증이 나기 때문이다.

그럼 어떻게 해야 할까?

먼저, **사회적 상호작용을 두려워하고 그런 상황을 어색하고 불편하게 느끼는 것, 사회적 소진으로 지친 것의 차이를 구분해야 한다.** 상당한 업무량을 해치운 뒤 휴식을 필요로 하는 것이 당신이 건강하지 않다는 의미가 아니듯, *이미 사람들과 어울리는 자리를 많이 가진 뒤* 사교 활동을 힘들게 느낀다고 해서 사회적 기술이 부족하다고 볼 수는 없다. 더구나 본인에게 부족하다고 여기는 사회적 기술을 개발하기 위해 의식적인 노력을 기울이고 있는 중이라면, 자신의 안전지대를 훨씬 넘어 스스로를 몰아붙이고 예전보다 사람들과 어울리는 시간을 늘렸을 것이다. 피로를 느끼지 않을 수가 없다. 피곤한 일임을 인정하고 에너지를 충전하고 회복하는 시간을 허락해야 한다.

사회적 기술이 제대로 발달하지 않았거나 내향적인 성향이라면 또는 사회적 불안으로 사람들과 거리를 두는 경향이 있다면 사회적 기술을 강화할 기회를 놓치게 된다. 이때 우리가 인식하지 못한 채 놓치고 있는 기술이 한 가지 더 있는데 바로 자신의 에너지 수준을 관리하고, 휴식을 취하고, 자기 돌봄을 행하고, 자신의 시간과 자원에 적절한 경계를 설정하는 능력이다. 아이러니하게도 외향적이고 사교적인 사람들이 내향적이고 수줍음이 많은 사람보다 자신의 에너지와 시간을 분배하는 데 있어서 더욱 능숙한 경우가 많다.

자신의 능력 이상으로 무리한 뒤 탈진을 경험하는 현상은 내향적인 사람들이나 이전에 사회적 불안을 경험한 사람들에게 특히나 심각한 위험으로 작용하는데, 이는 사회적 상호작용의 상한선을 파악하고 조절해 본 경험이 많지 않은 탓이다. 이들은 사회적 상호작용이 *너무 적다*는 문제를 해결하느라 너무 바쁜 나머지 상호작용이 *너무 많은* 상황에 어떻게 대처해야 하는지를 배우지 못했다! 이뿐만 아니라 내향적인 사람들은 평생 동안 "좀 더 에너지를 발산해라" "외향적으로 활동해라"라는 이야기를 늘 들어왔던 터라 불안 외의 다른 이유로 사회적 상호작용을 거절해도 아무런 문제가 없다는 사실을 미처 인식하지 못한다!

이제 다음의 방법으로 자신의 한계를 인지하고 이에 대응하는 법을 배울 수 있다.

자신의 경계를 명확히 안다

스스로에게 도전해야 하고, 자신의 변명이나 두려움을 너무 신뢰해서는 안 될 때도 있다. 하지만 때로는 자신의 한계를 알고 누구보다 이를 지키고 존중해야 할 경우도 생긴다. 예컨대 사회적 불안을 해결하려 노력 중이지만 바에 가거나 술을 많이 마시는 상황은 진심으로 즐기지 않는 사람도 있다. 자신이 중요하게 여기는 가치와 자신의 경계를 두려움과 신중히 가려냄으로써, 사회성을 키우기 위해 스스로의 한계를 밀어붙여야 할 때(가령 흥미로운 도예 모임에 가입하는 등)와 거절해야 할 때(가령 술이 없는 모임을 상상도 하지 못하는 사람들에게서 과음을 종용당할 때)를 확실하게 알 수 있다.

이와 비슷한 맥락으로, 단호한 태도로 당신이 피곤하다는 사실을 사람들에게 알리고 모임 자리를 정리해도 문제될 것이 전혀 없다. 당신이 집에 가고 싶다면 그렇게 해도 괜찮다. 같은 모임을 일주일에 네 번이나 갖는 것이 너무 부담스럽다면 솔직하게 이야기하면 된다. 어느 누구의 탓도 하지 않고 자신 있게 본인의 경계를 알릴 때 사람들에게 그 한계를 존중해야 한다는 가르침도 전하는 셈이 된다. 실로 당신의 정직함을 높이 평가하는 사람들이 많다는 것을 알고 놀랄지도 모른다. 어쩌면 이를 계기로 사람들이 당신에게 더욱 솔직한 모습을 보일 수도 있다.

미리 계획을 세운다

당신의 사회적 에너지 탱크를 실제 자동차의 연료 탱크라고 생각해 보자. 언제, 어디서 연료를 넣을지 계획도 세우지 않고 기름이 반만 차있는 자동차로 인적이 드문 먼 지역을 여행하려 하지는 않을 것이다. 하지만 이와 달리, 우리는 중간중간 에너지를 회복할 시간과 공간을 고려하지 않은 채 여러 건의 사교 모임을 계획하기도 한다.

긴장을 풀고 게으름을 부릴 수 있는 "아무것도 하지 않는 시간"을 모임 앞뒤로 충분히 마련해야 한다. TV 앞에서 멍하니 앉아있거나, 집에서 빈둥거리거나, 낮잠을 자는 시간 말이다. 신경을 많이 써야 하는 일들을 연달아 너무 많이 계획하지 않는다. 사회적 소진은 신체적 소진과는 다르다. 사회적으로 휴식을 취하는 방법은 혼자만의 시간을 갖는 것뿐이다. 즉 함께 사는 사람들마저도 힘에 부치게 느껴질 수 있다. 한 시간가량 자연 속에서 시간을 보내거나, 집을 나가거나, 욕실 문을 잠그고 편안하게 목욕을 즐기며 모든 이들과 차단되는 시간을 갖는다.

사교 모임 자리에서 "주먹을 꽉 쥘 정도로" 지나치게 애를 쓰는 일은 없어야 한다. 자주 휴식을 취하고, 마음을 편히 가져도 된다고 스스로를 다독인다. 사회적으로 불안한 사람들이 도리어 함

4장 편안한 관계를 만드는 네 가지 행동 전략

께한 모든 이들이 즐거운 시간을 누리고 있는지 신경 쓰고, 에너지 넘치는 모습을 보여야 하고 즐겁고 재밌는 사람으로 보여야 한다는 부담에 사로잡히다니, 이상하지 않은가? 그런 책임감에서 자유로워져도 괜찮다. 당신의 유일한 목표는 자연스러운 모습으로 타인과 교류하는 것이다. 당신을 채점하는 성적표 같은 건 없다!

양보다는 질이 중요하다고 생각해야 한다. 당신이 참석해야 할 모임의 수를 세거나 총 몇 시간이나 사교 활동을 했고 또 하지 않았는지 따지기보다는 사람들과 진정성 있는 유대 관계를 나누는 데 노력을 집중시키는 편이 훨씬 건강하다(그리고 훨씬 쉽다!). 인기의 척도를 친구 수로 확인하던 학창 시절의 영향일지도 모르지만, 저녁 약속이 적어도 몇 건은 "되어야" 한다거나, 친구가 몇 명은 되어야 한다는 비합리적인 생각을 품어야 할 이유가 없다. 그 사람들과 얼마나 밀도 있는 교류를 나누었는지가 중요하다.

자신에게 자기 연민을 행할 여유를 가져야 한다. 사회적 불안을 극복하는 중에 있다면 처음에는 그 과정이 두렵게 느껴질 것이다. 자신을 향해 현실적인 기대치를 세워야 한다. 이쯤이면 어느 정도는 극복했어야 한다(속을 시끄럽게 하는 '해야만 한다'가 또 등장했다!)고 예상했지만 그만큼 빠르게 나아지지 않는다고 해서 자신을 섣불리 자책하지 않아야 한다. 자신을 타인과 비교해서도 안 된다.

에너지 탱크가 비어가고 있다는 신호들을 파악하고 한 걸음 물러나 충전할 준비를 하라. 당신이 책임지고 해야 하는 일이다. 스스로를 몰아붙이고는 당신의 에너지를 앗아갔다며 다른 사람들에게 짜증을 내어봤자 아무 소용이 없다. 스스로 짜증이 일거나, 집중력이 흐트러지거나, 지루하다는 느낌이 들면 지금 몸 담고 있는 상호작용을 세련되게 마무리 지을 방법을 찾길 바란다. 사람들과의 상호작용을 할 때도 "박수칠 때 떠나라"라는 명언을 적용할 수 있다.

특정 인간관계나 상황을 재평가하는 것을 두려워하지 않길 바란다. 당신에게 죄책감이나 수치심을 안겨주거나, 당신이 그리 내키지 않는 일을 하도록 압박을 가하는 사람이 있는가? 직장 때문에 자신의 건강과 안녕을 돌보기 어려운 상황인가? 상대와의 관계에서 당신이 짊어져야 할 사회적 부담이 지나치게 크거나, 당신에게 해로운 가족 관계에 얽매여 있는가? 스스로에게 친절함을 발휘하고, 더욱 건강하고 균형 잡힌 사회생활을 꾸려나가는 데 필요한 변화를 시작하길 바란다.

4장 요약

- 행동이 중요하다. 사교적이고 자신감 넘치며 침착하고 유능하다는 것은 당신의 감정이 아니라 행동이다. 결국 사회성을 향상시키는 것은 생각이나 계획, 상상이나 바람이 아닌 사교적 활동이다. 당신의 반추에 경계를 세우고, 생각 과잉을 벗어날 방법을 생각하지 않는 게 중요한 이유도 이 때문이다. 만성적인 걱정과 반추는 과도한 생각 탓이 아니라 의미 있는 행동을 취하지 않은 탓이라는 것을 이해해야 한다.

- 한 번씩 걱정을 하는 것이야 인간적인 일이다. 걱정을 인정하고 놓아주면 된다. 당신의 생각과 감정을 마음챙김으로 바라보고, 머릿속에 스치는 생각 하나하나에 꼭 동참하지 않아도 된다는 사실을 깨달아야 한다. 꼭 걱정을 해야 한다면 당신이 정한 "걱정 시간" 동안 당신의 방식에 따라 행하면 된다. 불안을 현명한 행동으로 전환해 외부로 내보내야 한다. 스스로에게 이렇게 묻는다. "이 불안을 떨쳐내고 해소하려면 무엇을 해야 할까?" 때로는 경험을 파헤쳐 의미를 찾아내야만 교훈을 얻고 마침내 앞으로 나아갈 수 있다.

- 노출 치료는 전통적인 인지행동적 접근법으로, 본질적으로 부정적인 연결 고리와 조건화된 반응을 삭제하고 새로운 연결 고

리와 반응이 자리할 수 있는 상태를 조성하는 것이다. 불안이 학습된 것이라면, 이는 탈학습도 가능하다는 뜻이다. 당신이 두려워하는 상황을 마주하고 조건화된 불안 반응이 서서히 사라질 때까지 도피하지 않고 맞선다.

- 단계별 노출로 당신의 두려움을 파악하고, 이를 두려운 정도에 따라 내림차순으로 세분화한 뒤, 가장 쉬운 단계부터 시작해 과제에 하나씩 도전한다. 이 과정에서 불안을 경험한다면 자동반사적인 공포 반응이 약해지다 사라질 때까지 이완법을 수행한다. 안전 추구 행동을 인지하고 이를 중단하는 것이 중요하다. 안전과 도전 사이의 건강한 균형을 찾아야 한다.
- 사회적 불안은 때로 사회적 소진을 인식하고 바로잡는 데 미숙하다는 뜻이 될 수도 있다. 휴식을 취하고, 미리 계획하고, 자신의 경계를 확고하게 세우고, 에너지와 시간을 잘 분배해 회복하고 충전할 여유를 마련해야 한다.

모든 관계에 적용되는 의사소통의 세 가지 원칙

Social
skills
          for
     the
     over
     thinker

사회적으로 불안한 사람이라면 타인과 어울리면서도 불안을 느끼지 않는 것이 오랫동안 품어온 단 하나의 목표처럼 느껴질 것이다! 물론 사실이지만, 자기 조절에 능숙해지고 두려움 대신 호기심으로 사람들과 교류하기 시작한 후에는 이것이 최종 목표가 아니라 이제 첫발을 뗀 것임을 깨닫게 될 것이다. 비행 공포증을 극복하는 과정과도 조금 비슷하다. 이륙 후 편안해지고 나면 비행이 얼마나 멋진 일인지 문득 체감하며 "아하" 하는 깨달음의 순간을 경험하는 것이다. 당신은 이제 세계 어디든 갈 수 있다.

타인을 더욱 편안하고 자연스럽고 자신 있게 대하는 법을 배우는 이유는 어떠한 외부 기준에 부합하기 위함이라든가, 대단히 불쾌한 무언가를 견디는 법을 배우기 위해서가 아니다. **타인과 편안하게 어울리는 법을 배운다는 것은 인간관계에 자리한 놀라운 기회의 세상을 열린 태도로 맞이한다는 의미다.** 두려움을 뒤로할 때 다른 수많은 대상을 느낄 선택권이 주어진다. 흥미로움, 호기심, 흥분, 기쁨, 연결, 사랑, 감사함, 자부심, 편안함… 끝이 없다.

자기 자신에 대해 그리고 타인과 상호작용하는 방식에 대해 파악해 나가는 과정에서, 당신을 제한하는 두려움 너머에 무엇이 있을지 항상 떠올려보길 바란다.

대화를 잘 시작하는 나만의 방법을 찾아라

첫발을 떼는 게 보통은 가장 어렵다. 이는 대화에서도 마찬가지다. 다행스러운 점은 어색할 수 있는 초반 분위기를 빠르게 수습할 수 있는 "대화 오프너opener"를 쉽게 배울 수 있다는 것이다.

"생전 처음" 대화하는 사람과는 시작부터 어려움을 느끼겠지만 그 불편한 감정을 그저 어쩔 수 없이 겪어야 하는, 그리 대단치 않은 거리낌 정도로 생각하길 바란다. 누구나 어느 정도는 느끼는 감정이고, 이 때문에 머뭇대거나 스스로를 의심할 필요는 없다. 대화를 시작하는 것은 다른 것들과 마찬가지로 하나의 기술이자 습관으로, 많이 해볼수록 익숙해지고 쉬워진다.

대화의 시작을 수월하게 여는 기본적인 방법은 다음과 같다.

- 어떤 이야기로 대화를 시작할지 정해서 준비한다.
- 긍정적인 반응과 결과를 적극적으로 상상하고 기대한다.
- 심호흡과 긍정적인 자기 대화로 마음을 편안히 한다.

대화의 시작을 총알이 장전된 총으로 생각해 보자. 방아쇠를 살짝만 당겨도 곧장 발사될 준비가 되어야 한다. 그 첫걸음을 떼는 것이 제법 괴로울 수는 있지만, 준비가 잘 되어있으면 이후에 이어질 일련의 일들도 수고롭지 않게 해낼 수 있다. 처음에는 불편하고 두렵게 *느껴지더라도* 당신의 목표는 첫 시도에 완벽하게 해내는 것이 아니라 일단 첫 시도를 해보는 것, 그래서 두 번째, 세 번째 시도를 더욱 쉽게 하는 데 있다. 연습이 필요하다는 사실은 염두에 두어야 한다.

처음 만나는 사람을 대면할 때 불안을 유발하는 큰 요인은 낯선 사람 그 자체가 아니라 우리가 상대에게 갖는 기대와 믿음이다. 거절당하거나 평가당할 거라고 예상하거나 불편할 거라고 예측할 때, 우리는 두려움을 느끼며 방어적인 태도로 상호작용을 시작한다. 우리의 두려움은 자기충족적 예언일 때가 잦다.

"정신적 예행연습"은 이 자기충족적 예언의 힘을 우리에게 유리하게 활용하는 방법이다. 당신은 긍정적인 일들을 적극적으로 기대하고 예측할 수 있으며, 이는 모든 일에 옳은 방향으로 영향을 미치고, 이 과정에서 긍정적인 피드백 고리가 형성된다. 자기 의심과 두려움의 악순환을 끊어내려면 최악을 기대하는 생각을 멈추고 최선을 기대하기 시작해야 한다. 한때는 당신을 두려움에 떨게 했던 대상에 점차 무뎌질수록 기존에 지녔던 신념들이 명백히 틀렸다는 증거들이 자꾸 보이고 새로운 가르침을 학습하게 된다. 이 가르침이란 새로운 사람을 만나는 일은 그리 대수로운 일이 아니고, 실로 즐거울 수도 있다는 것이다! 당신은 그저 해내는 게 아니라 즐기기까지 할 수 있다.

사회적 불안의 수위가 중간에서 심각한 단계에 있는 사람들에게는 대화의 시작을 강요하는 방식이 그리 효과적인 접근법이 아닐 수 있다. 다만 대화를 시작하는 법을 배운다면 더욱 실용적이고 쉽게 사회적 자신감을 키울 수 있다. 대화에서 이야기할 주제를 계획할 때는 일주일 정도 익숙한 장소를 방문해 사람들을 관찰하고 그 내용을 기록한다. 관찰의 주된 목표는 대화에 적극적으로 참여하지 않으면서 정보를 모으는 것이다.

세상과의 소통을 훈련한다

불안이 우리의 시야를 좁히고 주의력을 내면으로 향하게 이끈다는 사실을 유념하며 아래의 훈련을 한다면 당신의 마음을 두려움의 상태가 아닌, 다정한 호기심과 인식이 있는 외부 세계로 향하게 할 수 있다.

1단계: 관찰한다

일주일 동안 얼마간의 시간을 "관찰 모드"로 보낸다. 당신 또는 다른 사람들이 시간을 보내는 장소로 가서 가만히 앉아 주변의 모든 일을 관찰한다. 홀로 그리고 침착한 상태일 때 이 작업을 수행하는 것이 더욱 수월하겠지만, 궁극적인 목표는 타인과 교류하는 동안에도 이 호기심 넘치는 열린 마음을 유지하는 것이다.

주변을 둘러보며 사람들이 어떻게 행동하는지 살핀다. 지금 어떤 일이 벌어지고 있는지 무언의 요소들과 감정들, 환경의 미묘하고 복잡한 측면 등에 관해 자기 자신에게 질문한다.

- 주변에서 무슨 일이 벌어지고 있는가?
- 다들 암묵적으로 알고 있지만 아무도 이야기하지 않는 한 가지는 무엇인가?
- 저 사람은 무엇을 하고 있고, 여기에 온 목적은 무엇일까?
- 주변 사람들의 표정은 무엇을 말하고 있는가?
- 저들의 얼굴에 떠오른 감정은 무엇인가? 저들은 무슨 생각

을 하고 있을까?

- 사람들의 옷차림은 어떠한가? 어딘가 색다른 점은 없는가? 옷차림에 어떠한 정보가 담겨있는가?
- 지금 이 환경에서 눈에 띄는 특징은 무엇인가? 무엇이 두드러지는가?

원한다면 노트에 답변들을 적고 패턴을 찾아본다. 이제 관찰로 얻은 이 정보들을 서술문이나 질문으로 바꿔본다. 예를 들자면 다음과 같다.

"저 램프가 마음에 든다."
"저 식물에 물을 줘야 한다."
"햇볕 덕분이 공간이 환해진다."
"저 조리대는 정말 지저분하다."
"저 남성은 어디 출신일까?"
"저 여성의 직업은 무엇일까?"
"저 여성은 지금 긴장을 한 것일까, 아니면 항상 저런 표정을 짓는 걸까?"

이제 당신에게는 소소한 주제들을 정리한 리스트가, 대화의 시작을 여는 이야깃거리가 준비된 셈이다. 다른 장소 몇 곳을 더 들러 연습하고, 이 사고 과정이 익숙해지면 다음 단계로 넘어간다.

2단계: 관찰 내용을 대화 스타터로 그리고 스토리로 바꾼다

인간이 언어를 만들어낸 단 하나의 이유는 바로 자신의 세계 속 무언가를 다른 사람과 공유하고 싶은 마음이 간절했기 때문이다. 이것이 바로 당신만의 대화 스타터starter를 만들 때 지녀야 할 태도다! 집으로 돌아가 당신이 적은 기록들을 다시 살펴보며 관찰했거나 들었거나 감지했던 내용들을 바탕으로 멋진 대화 스타터를 만들어본다.

가령 주변을 관찰하던 중 당신이 가장 좋아하는 밴드의 로고가 새겨진 독특한 티셔츠를 입은 사람을 발견했다고 생각해 보자. 다음번에 다른 누군가 이 밴드의 티셔츠를 입은 것을 발견하면 다가가 이렇게 대화를 시작할 수 있다. "저기요, 입은 티셔츠가 눈에 띄어서요! 제가 (밴드명) 정말 좋아하거든요. 라이브 공연 보신 적 있으세요?" 이렇듯 쉽게 당신은 대화를 시작했다. 이제 당신이 콘서트에 가서 그 밴드를 실제로 봤던 경험을 이야기하는 것으로 넘어가면 된다.

이 전략이 효과가 좋은 이유는 어떠한 주제를 자연스럽게 등장시키며 대화를 시작하는 법을 알려주기 때문이다. 이상한 작업 멘

트로 사람들이 대화를 시작하는 *최악의* 방식을 생각해 보면 이해가 될 것이다. 그 멘트는 재치 있지 않아서가 아니라 누가 봐도 연습을 한 것처럼 들려서, 어떠한 현실의 순간이나 주변 환경과 아무런 연관성도 없기 때문에 효과가 없는 것이다. 그것은 부자연스럽고, 바로 그 점 때문에 대화가 어색하게 느껴진다. 하지만 위에서 소개한 방법으로 대화 오프너를 만든다면 누군가와 대화를 시작하는 일이 훨씬 덜 부담스럽게 느껴질 것이다. 대화를 시작하는 과정이 더욱 자연스럽고 유기적으로 느껴지기 때문이다. 당신은 그저 즉흥적으로 주변 환경과 교류하고, 이 과정에서 타인과 무언가를 공유하고 싶다는 영감을 얻게 된다.

두려움과 좌절감을 품고 대화에 접근한다면 더욱 어려워지기만 할 뿐이다. 대신 자연스럽게 타인과 연결되고 싶다는 태도로, 편안하고 장난기 어리며 진정성 있는 마음으로 대화에 접근하면 모든 것이 훨씬, 훨씬 더 수월해진다. **비결은 끊임없이 바깥세상으로 주의력을 돌려 상호작용을 하는 것이다.** 머릿속 세상에 매몰되어 당신이 지금 머물고 있는 상황과는 완전히 동떨어진 두려움에 사로잡혀 있다면, 당신은 환경과 진정으로 연결되어 있지 않은 것이다. 그렇다면 환경의 가장 큰 일부인 다른 사람들과 연결되기가 더욱 어려워진다.

한 가지 중요하게 경고하는 점은, 이 훈련을 하며 주변 환경에 대한 인식을 높이는 일이야 가치 있지만, 대화 오프너를 똑같이 예행연습하는 것은 바람직하지 않다는 것이다. 약간만 훈련하면 대화가 시작되는 순간에 자연스럽게 대화 오프너가 나올 것이다. 실로 "불쑥 내뱉는" 습관을 들이면 도움이 될 수 있다. 지나치게 생각하지 말고 그저 표현한다. 무슨 말을 할 것인지 가만히 앉아 머릿속으로 고민만 해서는 안 된다. 주의력이 다시 내면으로 향하게 되기 때문이다. 그저 당신의 머릿속에서 가장 먼저 떠오르는 말을 하면 된다. 정말이다! 겁내지 말고 어떠한 대상을 보며 가장 먼저 떠오르는 정서적 반응을 표현하길 바란다. 표정 하나로도 많은 의미를 담아 소통할 수 있고 타인과 곧장 연결될 수 있다.

사실 대화를 시작하는 것은 어렵지 않고 그리 수고가 들지도 않는다. 당신은 무대 위에서 공연을 보여주는 사람도 아니고, 무언가를(어쩌면 당신의 가치를?) 타인에게 설득하려는 영업사원도 아니며, 누군가에게 부당하거나 비정상적인 무언가를 요구하고 있는 것도 아니다. 대화 초반의 서먹한 분위기를 쉽게 깰 수 있는 마지막 조언은, 당신이 대화하려는 상대가 이미 당신과 친구 사이고, 서로 어느 정도 알고 있으며, 함께 있는 것이 무척이나 편안한 관계라고 상상하는 것이다. **이미 잘 알고 있는 누군가를 그저 오늘 처음 만난 상황이라면 어떻게 행동하겠는가?** 그 태도 그대로 새로운 사람을 대하면 된다.

즉흥극의 방식으로
다른 사람과 상호작용하라

당신의 생각 과잉에 어떠한 특징이 있든, 사회적 불안이 당신에게 어떤 식으로 발현되든 해결책은 보통 하나다. **머릿속 생각에서 벗어나 현재에 머무는 것이다.** 왜곡되고 현실과 단절된 생각과 감정을 머릿속에서 헛되이 휘젓기보다는, 내면에서 재잘거리는 기계 즉, 당신의 마음에서 플러그를 뽑아 당신에게 펼쳐지고 있는 현실의 순간에 플러그를 꽂아야 한다.

어떤 유형이든 사람들 앞에서 이야기하거나 연기를 펼쳐야 하는 자리는 사회적으로 불안한 사람들이 가장 식은땀을 흘리는 상황이지만, 심리 치료보다는 즉흥극 수업에 참여하는 편이 나은 이유가 있다. 즉흥극에서는 지나치게 생각을 할 시간이 없다. 외재화하고, 행동을 취하고, 순간의 흐름에 발맞춰야만 즉흥극이라는 대전제가 성립된다. 물론 목표는 즉흥극 연기를 아주 잘하게 되는 게 아니라(다만 당신이 수줍음이 많거나 불안에 시달리는 사람이라고 해서 연기를 잘하게 될 가능성이 없다고 단정 짓지 말기를!) 즉흥극 무대 위에서 배운 가르침을 일상에 적용하는 것이다.

거짓말은 하지 않겠다. **처음에는 자신이 한심하게 느껴질 것이고 어색한 순간도 분명 경험할 것이다. 하지만 그런 순간을 지나면 흥미로운 일이 벌어진다.** 순간적으로 판단하고 대처해도, 사회적 상황이 어떻게 펼쳐질지 항상 알지 못해도 세상이 끝나는 것은 아니라는 사실을 깨닫게 되는 것이다. 노출 치료를 하며 비합리적인 두려움의 실체는 사실 불확실성과 모호성임을 마주하는 것과 비슷하다. 불확실성과 모호성에 도피하지 않고 스스로를 노출시킬수록 그것들이 위협적이지 않을 뿐 아니라 대단히 신나는 일임을 깨닫게 된다.

비밀을 하나 알려주자면 불안의 반대는 침착함이나 이완이 아니다. 짜릿한 흥분이다. 참여와 기쁨, 에너지, 생명력, 진정성, 장난기, 호기심, 표현, 즉흥성이고, 이것이 삶이다.

피터 펠스먼 Peter Felsman(오클랜드대학교의 사회복지학 부교수 — 옮긴이)이 이끈 연구에서는 사회적, 정서적 도구로서 즉흥극의 중요한 역할을 다룬다. 해당 연구에서 미국의 대학생들은 즉흥극 프로젝트The Improv Project가 주관하는 10주간의 즉흥극 수업에 참여했다. 프로그램 시작과 종료 후, 두 차례 학생들을 대상으로 설문조사를 진행해 불확실성에 대한 인내력 부족, 사회적 불안, 사회적 자기효능감을 측정했다.

즉흥극 훈련이 사회적 불안과 불확실성에 대한 인내력 부족을 낮출 것이라는 게 연구의 가설이었다. 이 두 가지 요소는 상관관계에 있었다. 아주 간단하게 요약하자면, 즉흥극에서는 참가자들이 상대 배우의 즉흥적인 연기에 발맞춰야 하는 만큼 불확실성을 처리하는 작업이 필요하다. 펠스먼의 연구팀은 2020년 한 실험의 논문에서 즉흥극이 불확실성에 대한 인내력을 높였다는 결과를 이미 발표한 적이 있었다. 그리고 새로운 연구의 목표는 즉흥극이 불확실성에 대한 인내력을 높여 그 영향으로 사회적 불안도 낮출 수 있는지를 살펴보는 것이었다.

연구 결과, **10주간의 즉흥극 수업을 마친 뒤 집단 내 전반적인 사회적 불안과 불확실성에 대한 인내력 부족이 크게 낮아졌다.** 이뿐만 아니라 사회적 불안증을 진단받은 학생들은 해당 영역에서 그 저하의 폭이 훨씬 컸다. 즉흥극 워크숍에 적극적으로 임한 참가자들은 불확실성에 대한 인내력 부족과 사회적 불안의 정도가 더욱 낮아졌다. 연구를 통해 불확실성에 대한 인내력 부족과 사회적 불안의 정도가 변화하는 양상에 상관관계가 있다는 것 또한 드러났다.

펠스먼은 삶에서 **불확실성이 불가피한 만큼 우리에게는 두 가지 선택지가 있다고** 설명한다. **불확실성을 상대로 계획을 세울지 아니면 이에 인내력을 발휘할지**다. 불안에 시달리는 생각 중독자라면 이미 첫 번째 전략이 상당히 익숙할 것이고, 이 전략이 장기적으로 어떤 대가를 불러오는지 또한 잘 알 것이다. 펠스먼이 조금 보수적인 결론을 내린 것일 수도 있고, 불확실성에 대한 세 번째 선택지가 존재할 수도 있다. 바로 즐기는 것이다. 가장 뛰어난 코미디와 기발한 농담, 가장 밀도 있는 대화와 두 사람이 "찌릿하고 통하는" 달콤한 순간은 불확실성을 견딜 뿐만 아니라 불확실성을 즐기고 만끽하는 방법을 배울 때 만들어진다.

이 연구는 호의적인 즉흥적 환경에서 불확실성에 노출될 때 불확실성을 더욱 편안하게 느낄 수 있고 이로써 사회적 불안도 낮아진다는 사실을 보여주었다. 이 연구에서 가장 좋았던 점은 연구가 가설에 근거한, 건조한 환경에서 진행되지 않았다는 것이다. 심리치료사가 마련한 의자에 앉아 무엇을 두려워하는지 또는 내일 무엇을 할 것인지 이야기만 하는 게 아니었다. 그 순간에 완벽히 몰입해 주변 환경과 역동적으로 상호작용했다. 즉흥극을 하는 매 순간마다 정서적 조절력과 자신감, 자기 신뢰, 호기심 그리고 사회화를 수월하게 만들어주는 유연하고 열린 정신 같은 매우 귀중한 기술들을 스스로 학습할 수 있었다.

즉흥극을 한 번도 해본 적이 없거나 완전히 낯설게 느끼는 사람에게 설명하자면, 즉흥극은 아주 단순하다. 무대에서 라이브로 펼쳐지는 극의 한 형태로, 모든 행동과 대화를 그 자리에서 즉흥적으로 만들어낸다. 사람들이 즉흥극을 좋아하는 이유는 그것이 가장 놀이와 연극의 상위 형태기 때문이다. 긴장을 풀고, 재밌게 놀고, 자신을 벗어던지는 하나의 방법이기 때문이다! 대본도 없고 정제되어 있지도 않다. 다시 말해 현재의 순간에 온전히 몰입하는 능력을 키우는 연습을 하기에 완벽한 곳이다. 아직 즉흥극 수업을 신청할 준비가 되어있지 않다면 당신의 삶에 적용할 수 있는, 즉흥극에서 착상한 몇 가지 원칙들을 소개하겠다.

게임을 찾아라

즉흥극에는 "게임을 찾아라"라는 개념이 있다. 즉흥극 연기자는 어떠한 아이디어가 떠오를 때마다 각별히 주의를 기울이며 아이디어들 속 재밌는 패턴을 찾고, 그 패턴을 이어가며 연기를 펼친다. 생각 중독자들도 나름대로 이와 비슷한 활동을 하고 있지만, 재미를 찾는 대신 무의식적으로 작은 단서들을 찾고 계속 파고들며 어떠한 상호작용이 비극적이고도 가장 끔찍한 결말을 맞이할 거라고 예측하는 근거로 활용한다.

어떠한 상황 속에서 지나치게 생각하며 불안을 느끼기보다는 재미 또는 "게임"을 찾는 데 집중해야 한다. 엉뚱한 것들을 놓치지 않는 것이다. 조금이라도 재미가 있거나, 허무맹랑하거나, 특이한 것이라면 무엇이든 빼놓지 않고 찾아낸다. 그런 후에는 내면의 부정적인 감정과 해석에 집중하지 않고, 휙, 하고 스쳐 지나가는 기발한 생각들을 확장시킨다. 재밌게 갖고 놀 수 있는, 즐길 수 있는 소소한 소재들을 찾으며 주의력을 외부로 돌린다.

이를테면 "외계인 게임"이라는 것을 만들어 상상력을 발휘해 지구인들 속에 섞여 지내려는 외계인 행세를 한다. 이 활동은 자신의 행동 속 패턴을 발견하고, 과도한 생각을 줄이는 데 도움을 준다. 목적은 어떠한 게임을 반드시 찾는 게 아니라, 당신의 관심으로 펼쳐지는 새롭고 흥미로운 무언가를 향해 열린 마음과 수용적인 사고방식을 함양하는 것이다. 초점을 옮기고 호기심이라는 어린아이 같은 감각에 연결되면 불안이 낮아질 수밖에 없다. 당연한 일이다. 두려움과 놀이는 상호배타적이고, 호기심을 느끼는 동시에 불안을 느끼기란 불가능하다. 하나에 집중하면 다른 것에는 집중할 수가 없다.

다른 사람들을 천재인 듯 대한다

사회적 불안은 계속해서 누군가의 시선을 받을 뿐 아니라 그 시선을 보내는 사람들이 자신을 평가하고, 당연하게도 내가 부족한 인간이라고 판단할 거라는 끔찍한 신념과 한 몸이다. 즉흥극의 선구자 중 한 명인 델 클로즈Del Close는 즉흥 연기자들을 천재로, 시인으로, 재능 있는 예술가로 대할 때, 그들이 무대 위에서 실제로 그런 모습을 보여줄 수 있다고 말했다. 뛰어난 즉흥성을 발휘할 거라고 타인의 능력을 신뢰할 때 그 효과는 놀라울 정도로 빠르게 나타난다. 이는 당신 *자신에게도* 마찬가지다.

타인을 일단 위협으로 간주하고, 당신을 평가하거나 거부하는 가혹한 낯선 이들이라고 말하는 불안의 사고방식과는 대단히 다른, 급진적인 전환이다. 우리가 타인을 존중하고 이들이 상호작용을 이끄는 방식을 존중할 때, 이들이 상호작용에 기여하는 바에 진정으로 관심을 갖고 감사하게 여길 때 어떤 상호작용이든 그 의미가 깊어진다. 사람들이 자기 자신과 두려움을 모두 잊고, 계획과 기대치를 던져버리고 그저 흐름에 자신을 맡기는 이 지점에서… 마법 같은 일이 벌어진다.

즉흥극 속 "게임을 찾아라"와 같은 방식으로 타인에게서 최고의 모습을 찾으려 노력한다. 타인을 친절하고, 흥미롭고, 유쾌하고, 현명하며, 재밌다고 자동반사적으로 가정하는 데서 시작해야 한다. 이제 당신은 이 가정을 뒷받침하는 근거를 찾는다. "슈퍼히어로 게임"을 하며 상대에게 영웅의 정체성을 발견하는 것이다. 가령 대단히 따뜻한 마음을 지닌 사람에게는 당신의 마음속에서만이라도 "슈퍼 다정 걸"이라고 부른다. 그리고 상대의 그 따뜻함이 가장 돋보일 수 있는 방식으로 상호작용한다.

누군가 당신에게 의견이나 생각을 공유하면, 당신은 모든 활동을 멈추고 온 집중력을 상대가 하는 말에 쏟는다. 처음에는 이들의 의견이 틀린 것 같고 이질적으로 느껴진다 해도, 선물을 받듯 상대의 선의를 믿으며 진심으로 귀 기울인다. 실험을 해보는 것이다. 잠시 **상대방을 가장 흥미롭고 세상에서 가장 중요한 사람으로 대한다.** 이러한 당신의 반응에 상대방이 "활짝 피어나는" 모습을 보고 놀랄지도 모른다. 또한 이로 인해 당신의 불안과 두려움 또한 순식간에 낮아지는 현상을 경험하며 또 한 번 놀랄 것이다.

"예스, 앤드" 규칙을 활용한다

이는 즉흥극을 시도할 때 대부분의 사람들이 가장 먼저 배우는 것 중 하나다. 상대 연기자가 무슨 행동을 하고 어떤 말을 하든, 어느 방향으로 상황을 끌고 가든, 당신이 해야 할 일은 이에 동참하고 이를 확장시키는 것이다. 핵심은 상대 연기자의 "움직임"을 절대로 부정하지 않고, 다만 이를 이어받아 진행시키는 데 있다. 지금 이 장면을 갑자기 우스꽝스러운 오해가 벌어진 상황으로 만든다고? 좋아. 그렇게 하지. 이제 독일어를 쓴다고? 그래. 좋아. 다음에는 무슨 일이 벌어질까?

불안을 느낄 때면 우리의 생각은 고정되고 심지어 고착된다. 상황이 어떻게 펼쳐졌으면 좋겠다고 또는 어떻게 펼쳐져야 할 것 같다는 하나의 생각을 갖고 이를 굳게 고수하다 보니 상호작용이 즉흥적으로 진행될 여지가 없다. 어떠한 암묵적인 방향으로 대화를 몰아가다 보니 상호작용은 제한적이고 부자연스럽다. 달리 표현하자면 두려움은 모든 것을 지루하게 만든다! 우리는 불안함을 느낄수록 불확실성을 수용하려 들지 않고, 계획을 세울수록 의견은 긴장되고 억압된다. 그리 놀랄 만한 이야기는 아니다(통제를 포기할 생각이 없고 깜짝 놀라는 상황을 싫어한다면 유머러스하거나 매력적인 무언가를 어떻게 발견할 수 있겠는가?).

늘 노no라고 말하는 경향이 있다면 더더욱 열린 태도로 다양한 생각을 탐험하겠다는 마음을 갖고 "예스yes, 앤드and" 규칙을 연습한다. 이렇게 더욱 효율적으로 의사소통하고 협력의 정신을 기른다면 사회적 불안을 억제하는 데 도움이 될 것이다. 현실 속 상황에서는 "예스, 앤드" 전략을 활용해 타인의 관점을 이해한다면, 반드시 그 관점에 동의하지 않는다 해도 상대를 더욱 깊이 있게 이해하고 관계를 더욱 단단하게 다질 수 있다.

이러한 사고방식의 전환은 불안을 느끼는 것으로는 그 어떤 가치 있는 결과를 도출할 수 없다는 점을 깨닫게 해준다. 대화 중 이제 무슨 말을 해야 할지 몰라도 괜찮다. 그 상황에 그저 몰입할수록 불확실성이 불안을 유발하는 것이 아니라 도리어 즐거울 수 있다는 사실을 경험하게 된다. 상대가 대화의 방향을 이끌어줄 것이라고 신뢰해도 된다. 혹시 재밌는 대화가 될지 누가 알겠는가? 정말 그렇게 될지를 알 방법은 하나밖에 없다!

2008년, 수석 연구원인 찰스 림 Charles Limb 은 즉흥극 연기자들과 즉흥 연주를 하는 재즈 음악가들을 대상으로 fMRI(기능적 자기공명영상) 스캔을 진행했다. 그는 즉흥성을 발휘하는 사람들의 두뇌 활동이 예측 가능하며, 계획된 활동을 하는 사람들의(즉 대본에 따른 연기를 하거나 악보에 따라 연주하는 사람들의) 두뇌 활동과 현저히 다르다는 사실을 발견했다.

즉흥성을 발휘할 때 "내면의 비평가"에 일부 영향을 미친다고 볼 수 있는 두뇌 영역인 배외측 전전두엽 피질의 활동성이 낮았다. "세상에, 그런 이야기는 하지 마"라는 부정적인 내면의 목소리가 들려오는 것은 이 영역의 활동성과 관계가 있다. "예스, 앤드"

가 아니라 "노no, 벗but"이라고 말하고 싶어 하는 영역이다. 반면 내측 전전두엽 피질은 언어와 창의력에 관여하는데, 즉흥성을 발휘할 때 이 영역에서 큰 활동성이 보였다. 따라서 즉흥적으로 무언가를 할 때 우리는 본질적으로 내면의 비평가를 침묵시키고, 더욱 창의적이고 재치 있고 열린 태도를 함양하는 것이다. 이러한 마음 상태일 때 절대로 실수를 하지 않는다는 게 아니라, 조금 삐끗하고 더듬거리는 정도를 실수로 보지 않는다는 의미다. 도리어 이런 소소한 실수들이 신기하게도 하나의 코미디처럼 느껴지고, 극에 중요한 역할을 하는 반가운 요소로 작용한다.

앞으로 어떤 유형이든 사회적 상호작용을 하는 상황에 놓이면, 즉흥극 수업에 참여하고 있다고 생각해 보길 바란다. 하나의 게임인 것이다. **대화 상대를 대단히 중요한 공동 창작자로 보고, 당신이 제 역할을 잘 해낼지 불안해하기보다는 상대와 함께 이제부터 무엇을 발견하게 될지**(아직 벌어지지 않은 무언가를 말이다!) **들떠있는 상황이라고 상상한다.** 게임을 찾고, 타인을 존중하고, 대화를 나누며 어떤 상황이 벌어지든 열린 태도를 유지하는 것이다. 이 세 가지는 그리 대단해 보이지는 않지만 불안 모드에서 벗어나는 데 굉장히 강력한 힘을 발휘한다. 사람들과 어울리는 것이 반드시 견뎌내야만 하는 시련이 아니라, 진정 즐거움을 주는 무언가가 될 수도 있다.

현재에 몰입하고, 긍정적인 기대를 품고, 기꺼이 상황에 맞춰 반응하며 어떤 일을 경험하게 될지 그저 지켜보겠다는 마음을 가진다면 더욱 훌륭한 경청자이자 침착하고 자신감 넘치는 화자가 될 수 있고 카리스마 역시 더욱 커질 것이다.

자기주장력을 발휘할수록
갈등은 사라진다

이 마지막 장에서 우리는 사회적 불안의 결과로 자주 언급되지 않는 주제를 탐험할 예정이다. 바로 자기주장력 assertiveness 부족이다. 너무도 흔하게 찾아볼 수 있는 상황 하나를 들어보겠다. 회사에서 점심시간에 누군가 당신에게 굉장히 무례하게 굴며 대단히 부적절한 발언을 했다. 당시 당신은 놀라고 상처받았지만 아무 말도 하지 못했다. 그렇게 그 사건이 끝나고 말았다. 그날 저녁 집에서 당신은 그 일을 곱씹으며(안녕? 사후 반추!) 기회가 있었을 때 해야 했던 온갖 기발한 대사들을 떠올렸다.

자기주장력 부족은 여러 형태로 발현된다. 어쩌면 누군가 당신을 반복적으로 이용할 수도 있고, 당신이 정한 선을 넘을 수도 있으며, 거절하기 어려운 부당한 요구를 할 수도 있다. 또는 무언가 잘못되었을 때 당신의 "의견을 전달"하지 못했던 일을 후회하는 일이 잦거나, 일터에서 하고 싶은 말을 꾹 참거나 머뭇거리는 바람에 무시당하고, 다른 직원이 기꺼이 나서 당신의 것이었을지도 모를 기회를 잡는 모습을 지켜만 볼 때도 있다.

사회적 불안을 느끼는 사람들을 포함해 많은 이들이 자신이 강압적이거나 따지기 좋아하는 사람처럼 보일까 봐 두려움을 느끼고, 이로 인해 자기주장력을 발휘하는 데 어려움을 겪는다. 사회적으로 불안한 이들은 갈등을 피하려 수동적인 의사소통 방식을 쓰는 경우가 많고, 자신의 욕구나 욕망을 잘 표현하지 못한다. 이렇듯 내면의 불안과 걱정에 자주 사로잡히면 기회와 위협에 자연스럽고도 즉흥적으로 반응하기가 어렵다. 생각이 지나치게 많기 때문에 긍정적인 기회를 잡지 못하고, 누군가 당신의 선을 침범했을 때도 스스로를 대변하지 못하게 된다.

이를테면 누군가 당신을 함부로 대할 때, 자신의 머릿속 생각에 갇혀 이것이 누구의 잘못인지, 이 행동이나 저 행동을 어떻게 해석해야 하는지, 이 모든 것이 무엇을 의미하는지 계속 곱씹는다. 결국, 이렇게 "했어야" 했다는 분노나 수치심, 죄책감에 사로잡혀 자신의 경계를 지키기 위해 해야 할 행동은 하지 않는다. 그런 식의 홀대를 계속 용인하지 않겠다고 확실히 보여주지 않는다.

생각 중독자는 다음 날 아침 있을 어려운 대화를 어떻게 풀어 갈지 밤새 잠도 자지 않고 연습한다. 불안을 느끼지 않는 사람은 그 자리에서 자신의 반대 의사를 밝혀 그것으로 곧장 문제를 해결하고 밤에 푹 잠이 든다. 우리는 타인이 나를 어떻게 보는지 지나치게 생각하면서도, 정작 *우리가 그들을 어떻게 생각하는지는* 한 번도 묻지 않는다. 이 과정에서 타인이 우리에게 함부로 굴도록 내버려둔다!

이 책을 읽고 있는 독자들은 사람을 사귀고, 카리스마를 형성하고, 소통을 잘하고, 사람들 앞에서 자신 있게 이야기하는 등 긍정적인 사회적 기술을 개발하고 싶은 사람일 것이다. 하지만 우리가 자주 잊는 몇 가지 사회적 기술이 있다. 거절하고, 불만을 전달하고, 경계를 제시하고, 자신의 의견을 말하고, 마땅한 권리를 요구하고, 모욕과 상처를 받았을 때 당당히 맞서 스스로를 지키는 것 말이다. **사회성을 키운다는 말은 친목의 규칙만을 배우는 게 아니라 자신을 지키는 법과 필요할 때는 갈등에 잘 대처하는 법을 배우는 것이기도 하다.**

안타깝게도 자존감이 낮고, 수줍고, 자기주장력을 잘 발휘하지 못하는 성향이 모두 더해져 수동적인 패턴의 상호작용으로 나타나고, 이러한 방식의 상호작용으로 우리는 점점 더 무력감을 느낀다. 자신의 실제 감정으로 소통하기가 어려운데, 그 이유는 결국 두렵기 때문이다.

1. 사람들이 너무 부담스럽게 느끼거나 불편해할까 봐.
2. 사람들이 날 평가하거나 거부할까 봐.
3. 사람들이 날 더는 좋아하지 않을까 봐.
4. 사람들이 날 무례하거나 공격적인 사람이라고 생각할까 봐.
5. 사람들이 날 이상하다고/따지고 든다고/피곤한 사람이라고 생각할까 봐.

사회적으로 불안한 사람들이 "사교적"이라는 말이 실제로 무엇을 의미하는지 오해하는 것처럼, 그들은 "자기주장"을 내세운다는 개념을 오해하기도 한다. 자기주장력은 타인을 공격하는 것이 아니고, 부당하거나 까다롭거나 무례한 것도 아니며, 우리가 원하는 바대로 상대를 강요하거나 강제하는 것도 아니다. 자기주장력은 자신감의 한 줄기로, 나 자신 그리고 내 경험을 인정하고, 내가 자리할 공간을 마련하고, 자신의 권리를 요구하고, 결코 타협할 수 없는 자신감, 평정심, 자기 존중이 어느 정도 갖춰진 태도를 내보이는 것이다. 따라서 자기주장력은 사실 타인의 행동과는 아무런 관계가 없고, 전적으로 우리 자신, 우리의 생각과 감정, 우리가 그어놓은 경계들, 타인과 소통하는 방식에 관한 것이다.

사회적으로 불안한 사람들은 거부의 두려움이 지나치게 클 수 있는데, 이 두려움은 스스로를 지키기 위해 행동하거나 자신의 권리를 내세우는 것을 가로막기도 한다. 몇몇 불안한 사람들은 지나치게 수동적인 모습을 보이며 타인이 자신을 지배하도록 허용하지만, 어느 순간 모든 것이 다 너무 지나치다는 생각이 들 때면 갑자기 확 바뀌어 대단히 공격적인 태도를 보이기도 한다. 건강한 자기주장력은 그 중간의 어딘가에 자리한다. 우리의 권리를 주장하는 동시에 타인의 권리 또한 존중하는 것이다. 우리 자신의 관점을 중요하게 여기는 한편 타인의 관점을 인정하는 것이다.

자기주장력은 수동적인 의사소통 방식과 공격적인 의사소통 방식의 중간에 위치하며, 자신의 욕구와 의견을 솔직하고도 직접적으로 표현하면서도 타인의 욕구와 의견을 이해하는 것이다. 자신의 생각과 의견을 가지고 이에 책임을 지는 것이다. 타인이 당신을 괴롭히거나 지배하는 것을 허용하지 않을 뿐 아니라 타인에게 책임을 전가하지 않고, 어떠한 행동에 타인의 허락을 구하지 않는 것을 의미한다.

사회적으로 불안한 사람들은 타인에게 기쁨을 주는 행동에 사로잡혀 자신의 권리를 지키지 못하는 때가 많다. 아이러니한 점은 초반에 조금만 더 명확하게 자신의 주장을 전달하는 것으로 수년간 이어질 오해와 의무감, 죄책감, 수치심, 잘못된 의사소통, 분노에서 자유로울 수 있다는 점이다. 다시 말하자면 자기주장력을 조금 더 발휘하는 법을 배운다면 실제로 마찰과 갈등을 더 경험하는 것이 아니라 오히려 *적게* 경험할 수 있다.

사회적으로 불안한 사람이라도 일상생활에서 자기주장력을 더욱 발휘할 수 있는 세 가지 구체적인 방법을 소개하겠다.

"나"를 주어로 말한다

일인칭으로 말하려고 노력하면 자신의 생각과 감정을 직접적으로 표현하는 데 익숙해질 수 있다. 간단하다. "나"로 시작해 당신에게 어떠한 감정을 불러일으키는 서술어(좋아하다, 싫어하다, 원하다, 필요하다, 느끼다, 사랑하다, 미워하다, 바라다)를 추가한다. 그 감정을 표현하는 문장을 완성한다.

"나는 당신이 나와 시간을 좀 더 보냈으면 좋겠어."
"나는 외로움을 느껴."
"나는 예상치 못하게 누가 찾아오는 것을 싫어해."

다만 자기주장력을 발휘한다는 것이 타인의 언행을 바로잡거나, 질책하거나, 타인에게 불만을 제기하는 것만은 아니다. 다음의 사례 또한 자기주장이 담겨있다.

"나는 오늘 대화 정말 즐거웠어."
"당신이 옛날 로맨스 소설을 별로 안 좋아하는 거 알지만, 나는 그런 소설이 정말 좋아."
"나는 그 일을 어떻게 받아들여야 할지 모르겠어. 좀 생각해 볼 시간을 가져도 될까?"

"나"를 주어로 한 대화는 좋은 의사소통 습관일 뿐만 아니라, 타인을 향한 질책이나 요구 없이 당신의 메시지를 순수하고 명료하게 전달하도록 해준다.

자신의 감정을 통제한다

분노와 심란함이나 노여움을 느끼지 않아도 자기주장을 전달하는 의사소통을 할 수 있고, 자신의 경계를 지킬 수 있다. 그러므로 자신의 의사를 표현할 때 지나치게 감정적이거나 타인을 공격하지 않아야 한다. 다른 누구를 향한 원망이나 질책 없이 자신의 감정과 욕구를 자연스럽게 전달하는 데 집중한다. 타인에게 무엇을 어떻게 해야 한다고 명령하는 게 아니라, 당신이 어떤 감정을 느끼고 어떤 상황에서 어떤 행동을 원하는지 설명하는 것이다. 그 차이를 확인해 보길 바란다.

"이렇게 연락 없이 오면 내가 좀 스트레스를 받아."
"나는 예상치 못하게 누가 찾아오는 것을 싫어해."

당신은 언제나 자신의 선호와 욕구, 한계에 대한 권리를 가지고 있다. 물론 다른 사람들의 선호와 욕구 또는 한계를 통제할 권리는 없다. 소통할 때는 긍정적이고도 건설적인 어조를 유지하고, 주도적인 태도를 지키며, 자신의 입장을 스스로 결정한다. 그래야만 원래 집중해야 할 대상에 집중할 수 있다. 바로 당신 자신과 당신이 전달하고자 하는 메시지 말이다.

이러한 태도를 견지하는 것은 반대 의사를 무리 없이 표현하는 능력과도 깊은 관련이 있다. 자신감이 넘치는 사람은 의견의 차이를 잠재적 위협이나 자신이 사과해야 할 대상, 바로잡아야 할 대상으로 보지 않는다. 자신감이 없는 사람들은 자신의 의견이 일반적이지 않다면 그 의견을 공유하기 어려워하고, 자신의 정체성에 확신을 갖지 못한다. 설명이나 합리화, 사과 없이 자신이 진심으로 생각하는 바와 느끼는 바를 말로 전하는 연습을 해야 한다. 다른 의견을 듣되 이에 반응하지 않는다. 두 사람이 서로 같은 의견에 동의하지 않는다 해도 멋진 대화를 나눌 수 있다는 사실을 깨달아야 한다. 상대를 이기거나 설득할 필요는 없다.

자신의 비언어적 행동을 살핀다

당신의 말과 더불어 비언어적 의사소통에도 주의를 기울여야 한다. **자세를 바로 하고, 시선을 맞추고, 당당하면서도 편안한 목소리로 말한다.** 몸을 자꾸 이리저리 움직이거나, 시선을 아래로 두거나 공격적인 보디랭귀지를 삼간다. 또한 자신의 의사를 전달하는 것이 대단히 위험하고도 허무맹랑한 일처럼 굴지 않는다. 예를 들자면 어떤 일을 할 수 없다는 의사를 전하며 수십 개의 변명을 대고, 세 번이나 사과하며 용서를 구하고, 이를 어떻게 "보상해줄지" 여러 가지 제안을 할 필요가 없다. 그저 공손하게 어려울 것 같다고 말하고 자연스럽게 넘어가면 된다. 당신이 자신의 주장을 존중할수록 타인도 당신의 주장을 존중한다는 사실을 경험하게 될 것이다. 스스로를 중요한 사람으로 여긴다면 다른 이들도 결국 그렇게 할 것이다!

마찬가지로 한 번에 서로 다른 두 가지를 "말하지" 않는다. "노"라고 입으로는 말하고 있지만 보디랭귀지로는 "노?"라고 말한다면 당신의 메시지가 흐려진다. 당신이 정한 선을 알리고는 어떤 압박에 그 선을 너무도 쉽게 조정한다면 사람들에게 모순된 메시지를 전달하는 것이다. 상대가 당신의 의사를 들어주고 존중해줄 거라는 믿음과 기대로 자기주장을 펼쳐야 한다.

타인의 감정을 상하게 할 때 느끼는 죄책감과 부끄러움, 두려움은 무겁지만, 자기주장력을 발휘하는 소통을 할 때는 이런 감정을 느낄 필요가 없다는 사실을 깨닫길 바란다. 당신은 예의를 갖췄고, 당신이 세운 합리적인 경계에 누군가 실망이나 부정적인 반응을 보인다면 그것은 그들이 선택한 것이지 당신이 어떠한 영향을 주어서가 아니다. (타인의 것과 마찬가지로 중요한) 자신의 욕구와 욕망을 정중하고도 합리적으로 표현한다면, 이에 부정적으로 반응하겠다는 상대방의 결정은 그의 문제지 당신이 해결해야 할 문제가 아니다.

타인이 당신보다 더욱 특별하거나 중요하지 않고, 타인을 행복하게 해주기 위해 자신을 깎아내리지 않아도 된다는 점을 명심하길 바란다. 불안한 상태에서 행동할 때 우리는 "협상"의 사고방식으로 슬며시 접어들고, 우리가 두려워하는 일을 막고자 무의식적인 노력을 기울인다. 가령 자신의 주장을 펼치면 사람들이 애정을 철회할 것 같은 나머지 계속 침묵하며 자신의 욕구와 경계를 무시하고는, 그 보답으로 당신에게 앞으로도 친절하게 대해달라는 무언의 협상을 제시하는 것이다. 하지만 건강한 관계는 양측의 합리적인 요구를 존중해 절충안을 찾아나간다. 사회적으로 불안한 사람들은 자신의 욕구를 지나치게 많이 또는 강하게 표현하기보다는 도리어 충분히 표현하지 않는 경향이 있다.

5장 요약

- 타인과 편안하게 어울리는 법을 배운다는 것은 인간관계에 자리한 놀라운 기회의 세상을 열린 태도로 맞이한다는 의미다. 개발하면 좋을 사회적 기술은 대화 스타터를 떠올리는 능력이다. 당신의 환경에 호기심을 갖고, 관찰한 바를 타인에게 할 질문이나 이야깃거리로 전환하고, 상대가 긍정적인 반응을 보일 것이라 적극적으로 상상하고 기대하며, 처음의 그 어색한 순간에도 침착함을 유지하고 긍정적인 자기 대화를 하는 법을 배워야 한다.
- 계속해서 외부 세계로 주의를 돌리고, 교류하고, 호기심과 장난기 어린 태도를 유지한다. 즉흥극 수업은 이러한 태도를 함양하고, 머릿속 생각에서 벗어나 현재의 순간에 몰입하는 훌륭한 방법이다. 처음에는 불편하겠지만 굉장한 보상을 받게 될 것이다. 연구를 통해서도 즉흥극에 참여하는 사람들의 사회적 불안과 불확실성에 대한 인내력 부족이 크게 낮아졌다는 사실이 밝혀졌다.
- 사회적 상황에서 "게임을 찾아라"를 수행하며 재밌고도 예상할 수 없는 흐름을 따른다. 존중 어린 호기심으로 타인을 대하고, 타인의 즉흥성을, 상대가 이끄는 대화의 방향을 믿는다. 마

지막으로 "예스, 앤드" 원칙을 훈련하며 상대 연기자가 무슨 행동을 하고 어떤 말을 하든 그저 이에 동참하고 이를 확장시킨다.

- 사회적 불안을 지닌 이들 중 다수는 자신이 너무 강압적이거나 따지기 좋아하는 사람처럼 보일까 봐 두려워서 또는 그저 자신만의 반추에 사로잡혀서 자기주장력을 발휘하는 데 어려움을 느낀다. 사회성을 키운다는 말은 친목의 규칙만을 배우는 게 아니라 자신을 지키는 법과 필요할 때는 갈등에 잘 대처하는 법을 배우는 것이기도 하다.
- 자신의 의견을 밝힐 때는 "나"를 주어로 말하려고 노력하고, 지나치게 감정적이 되거나 누군가에게 책임을 돌리지 않는다. 침착하고, 중립적이며, 해결책에 집중하는 태도를 유지한다. 비언어적 의사소통에도 유의해야 하고, 당신의 목소리와 보디랭귀지가 당신의 말과 일치하게 만든다. 자세를 바로 하고, 시선을 맞추고, 당당하면서도 편안한 목소리로 말한다.

요약

: 인간관계에서
상처받지 않는 생각 재설계

1장 생각 중독자의 머릿속에서 벌어지는 일

- 사회화에 문제가 있다는 것은 사실 깊이 들여다보면 불안 문제일 때가 많다. 과잉 분석과 반추가 흔한 원인이다. 기저에 자리한 불안 문제를 해결한다면 다른 여러 기술과 더불어 사회생활 기술을 향상시킬 수 있다.
- 불안은 우리의 주의력과 의식을 좁히고 제한하지만, 사회화는 주의력을 넓히고 외부 환경과 더욱 충만하게 교류해야 가능하다.
- 사회적 반추는 하나의 사이클이다. 이를 깨기 위해서는 반추를 지속시키는 것이 무엇인지 이해해야 한다. 자신의 생각이 왜곡되었을 수도 있다는 사실을 인정/수용하는 것으로 시작해 현실과 현실에 대한 당신의 평가를 구분하고, 불편함과 거대한 재앙을 구별해야 한다.
- 때때로 불안을 느끼는 것이야 정상적이고, 위험한 일도 아니며, 세상이 끝나는 것도 아니다. 불완전함과 취약함을 포용하고, 부정적인 추정, 결론, 판단에 어떤 근거가 있는지 묻는다. 당신의 기대치가 비현실적이거나 기준이 너무 높을 수도, 당신이 긍정성을 무시하거나 폄하하는 것일 수도 있다.
- 스포트라이트 효과는 사회적 상황에서 타인이 자신의 행동을 의식하고 신경 쓰는 정도를 과대평가하는 인지 왜곡이다. 의식

을 확장시켜 자신이 세상의 중심이 아니라는 사실을 깨닫고, 상황이나 타인에 대한 자신의 평가가 *개인적이고, 영구적이고, 확산적*이 되지 않도록 주의해야 한다.
- 감정과 생각, 현실을 구분하고 의식적으로 다른 설명들을 떠올리려 노력한다. 때로는 그저 모호함과 불확실함을 견뎌내야 하는 순간도 있다.
- 마지막으로 일반화는 한정된 데이터를 바탕으로 자신이 경험하지 못한 상황을 추론하는 행위다. 왜곡된 사고로 인한 과잉일반화는 불안을 불러올 수 있다. 앞서 내린 결론을 반박하는 반증을 끊임없이 찾아보고, 스스로에게 친절함을 발휘하며, 중도적인 시각을 유지하고, 일시적인 경험들이 당신이라는 사람을 영원히 정의하지 않도록 한다.

2장 나만의 복잡한 머릿속에서 벗어나는 방법

- 불안은 주의력이 잘못된 방향으로 향해 생기는 문제이자 내면에 지나치게 집중하는 경향성이다. 불안이 커지면 살아 숨 쉬는 역동적인 환경에 무심해지고, "50가지의 문제만큼이나 뒤처져" 삶을 살게 된다.
- 사회적으로 불안한 사람에게는 호기심이라는 마음 상태가 약으로 작용한다. 자신의 머릿속에서 벗어나 세상으로 다시 돌

아갈 수 있게 해주고, 그렇게 행동하고, 참여하고, 학습하고, 창조하고, 소통하는 것을 시작할 수 있다. 사회적 불안에 맞서기 위해서는 현재의 순간에 다시 연결되는 것을 목표로 삼아야 한다.

- 더욱 자유롭고 즉흥적으로 자신을 표현하는 연습을 하고, "경외감을 불러오는 대상 찾기"에 의도적으로 참여해 호기심 어린 마음을 불안한 내면의 반추가 아닌 바깥 세계로 돌린다.
- 불안으로 우리는 도피/회피를 떠올리지만, 의식적으로 이에 반하는 행동을 해야 한다. 자신이 어떤 감정을 느끼는지, 가장 먼저 드는 충동은 무엇인지를 파악한 후 이에 반대되는 행동을 하는 것으로 다른 무언가를 깊이 있게 경험할 기회를 스스로에게 마련하고 상황이 어떻게 흘러갈지 지켜본다.
- 내면의 비평가를 인지하고, 그것과 심리적으로 거리를 두는 법을 배우며, 그 목소리를 유의미한 대화 상대로 볼 때 비로소 변화가 시작된다. 왜곡되거나 지나치게 비판적인 생각을 알아차리고, 어떠한 평가하는 마음 없이 호기심을 발휘한다. 내면의 비평가는 당신에게 무슨 말을 하려고 하는가? 당신이 비평가의 말을 듣지 않으면 내면의 비평가가 걱정하는 그 일이 벌어지는 것인가? 도와주려는 마음에 감사함을 표하되 그 부정적인 해석을 대신할 더욱 건강하고 합리적인 대안을 의식적으로

찾는다.
- 왜곡되었거나 비판적인 자기 대화에 이의를 제기하는 일은 연민에서 시작한다. 자신의 감정을 수용한 후, 자책하는 일 없이 그 감정을 바꿀 방법을 찾는다.

3장 변화가 시작되는 세 가지 마음의 기술

- 시각화는 내면의 힘에 다시 연결되어 자신만의 경험을 만들어 나갈 수 있게 해준다. 시각화를 이용해 사회적 상황이 시작되기 전, 상황이 진행되는 중, 끝난 후 어느 때나 이완과 정서적 조절, 침착함을 함양해 사회적 불안에 대처하고 맞설 수 있다. 또한 시각화를 이용해 자신이 바라는 시나리오를 상세하게 상상하며 구체화시킬 수 있다.
- "안전한 공간" 시각화는 과다 각성된 자율신경계를 진정시키는 방법으로, 이때 당신은 상황을 더욱 분명하고 침착하게 생각할 수 있게 된다. 안전한 공간을 신중하게 상상하고, 그 기억의 공간으로 향하는 출입구와 트리거를 만든 뒤 자유자재로 그 공간에 진입하는 연습을 한다. 시각화는 두뇌에 새로운 신경회로를 만들어, 현실 세계를 마주하기에 앞서 다르게 사고하고 느끼고 행동하는 방식을 훈련할 수 있게 해준다.
- 역할극에서는 여기서 조금 더 나아가 어떠한 시나리오를 대처

하는 또 다른 방식을 실연해 볼 수 있다. 사회적 불안을 앓는 사람들은 타인의 부정적인 인식들을 과장되게 받아들이지만, 상대방이 되어 역할극을 해보면 이러한 인식들이 바로잡히고 불안도 덜 느끼게 된다.

- 인지 왜곡과 잘못된 신념들, 유익하지 않은 태도들은 우리가 이를 아무 의심 없이 받아들이는 시간이 길어질수록 그에 비례해 더욱 강해진다. 역할극에서 우리는 인위적으로 이에 반하는 근거에 스스로를 노출시키는데, 이때 인지 왜곡의 힘이 약해진다. 또한 당신이 바라는 어떠한 사회적 기술을 이미 갖춘 것처럼 가장해 그런 태도로 사회적 상황을 경험할 때 어떤 기분을 느끼는지 훈련/탐험하는 등, 당신이 원하는 결과물을 시각화하고 연습해 볼 수도 있다.

- 마지막으로 무작위적 선행이 불안을 낮출 수 있다. 선행을 하며 사회적 상호작용을 마주할 때 느낄 두려움에 대항할 수 있고, 타인에게서 적대감이 아닌 친절함과 감사함을 기대할 수 있기 때문이다. "나 VS 그들"이라는 프레임워크를 무너뜨리고, 자신만의 생각에서 벗어나 긍정적인 행동에 집중할 수 있게 된다. 이러한 마음가짐은 두려움을 느끼고 위협을 인식하는 상태와 양립할 수 없다.

4장 편안한 관계를 만드는 네 가지 행동 전략

- 행동이 중요하다. 사교적이고 자신감 넘치며 침착하고 유능하다는 것은 당신의 감정이 아니라 행동이다. 결국 사회성을 향상시키는 것은 생각이나 계획, 상상이나 바람이 아닌 사교적 활동이다. 당신의 반추에 경계를 세우고, 생각 과잉을 벗어날 방법을 생각하지 않는 게 중요한 이유도 이 때문이다. 만성적인 걱정과 반추는 과도한 생각 탓이 아니라 의미 있는 행동을 취하지 않은 탓이라는 것을 이해해야 한다.
- 한 번씩 걱정을 하는 것이야 인간적인 일이다. 걱정을 인정하고 놓아주면 된다. 당신의 생각과 감정을 마음챙김으로 바라보고, 머릿속에 스치는 생각 하나하나에 꼭 동참하지 않아도 된다는 사실을 깨달아야 한다. 꼭 걱정을 해야 한다면 당신이 정한 "걱정 시간" 동안 당신의 방식에 따라 행하면 된다. 불안을 현명한 행동으로 전환해 외부로 내보내야 한다. 스스로에게 이렇게 묻는다. "이 불안을 떨쳐내고 해소하려면 무엇을 해야 할까?" 때로는 경험을 파헤쳐 의미를 찾아내야만 교훈을 얻고 마침내 앞으로 나아갈 수 있다.
- 노출 치료는 전통적인 인지행동적 접근법으로, 본질적으로 부정적인 연결 고리와 조건화된 반응을 삭제하고 새로운 연결 고리와 반응이 자리할 수 있는 상태를 조성하는 것이다. 불안이

학습된 것이라면, 이는 탈학습도 가능하다는 뜻이다. 당신이 두려워하는 상황을 마주하고 조건화된 쿨안 반응이 서서히 사라질 때까지 도피하지 않고 맞선다.
- 단계별 노출로 당신의 두려움을 파악하고, 이를 두려운 정도에 따라 내림차순으로 세분화한 뒤, 가장 쉬운 단계부터 시작해 과제에 하나씩 도전한다. 이 과정에서 불안을 경험한다면 자동 반사적인 공포 반응이 약해지다 사라질 때까지 이완법을 수행한다. 안전 추구 행동을 인지하고 이를 중단하는 것이 중요하다. 안전과 도전 사이의 건강한 균형을 찾아야 한다.
- 사회적 불안은 때로 사회적 소진을 인식하고 바로잡는 데 미숙하다는 뜻이 될 수도 있다. 휴식을 취하고, 미리 계획하고, 자신의 경계를 확고하게 세우고, 에너지와 시간을 잘 분배해 회복하고 충전할 여유를 마련해야 한다.

5장 모든 관계에 적용되는 의사소통의 세 가지 원칙

- 타인과 편안하게 어울리는 법을 배운다는 것은 인간관계에 자리한 놀라운 기회의 세상을 열린 태도로 맞이한다는 의미다. 개발하면 좋을 사회적 기술은 대화 스타터를 떠올리는 능력이다. 당신의 환경에 호기심을 갖고, 관찰한 바를 타인에게 할 질문이나 이야깃거리로 전환하고, 상대가 긍정적인 반응을 보일

것이라 적극적으로 상상하고 기대하며, 처음의 그 어색한 순간에도 침착함을 유지하고 긍정적인 자기 대화를 하는 법을 배워야 한다.

- 계속해서 외부 세계로 주의를 돌리고, 교류하고, 호기심과 장난기 어린 태도를 유지한다. 즉흥극 수업은 이러한 태도를 함양하고, 머릿속 생각에서 벗어나 현재의 순간에 몰입하는 훌륭한 방법이다. 처음에는 불편하겠지만 굉장한 보상을 받게 될 것이다. 연구를 통해서도 즉흥극에 참여하는 사람들의 사회적 불안과 불확실성에 대한 인내력 부족이 크게 낮아졌다는 사실이 밝혀졌다.

- 사회적 상황에서 "게임을 찾아라"를 수행하며 재밌고도 예상할 수 없는 흐름을 따른다. 존중 어린 호기심으로 타인을 대하고, 타인의 즉흥성을, 상대가 이끄는 대화의 방향을 믿는다. 마지막으로 "예스, 앤드" 원칙을 훈련하며 상대 연기자가 무슨 행동을 하고 어떤 말을 하든 그저 이에 동참하고 이를 확장시킨다.

- 사회적 불안을 지닌 이들 중 다수는 자신이 너무 강압적이거나 따지기 좋아하는 사람처럼 보일까 봐 두려워서 또는 그저 자신만의 반추에 사로잡혀서 자기주장력을 발휘하는 데 어려움을 느낀다. 사회성을 키운다는 말은 친목의 규칙만을 배우는 게

아니라 자신을 지키는 법과 필요할 때는 갈등에 잘 대처하는 법을 배우는 것이기도 하다.

- 자신의 의견을 밝힐 때는 "나"를 주어로 말하려고 노력하고, 지나치게 감정적이 되거나 누군가에게 책임을 돌리지 않는다. 침착하고, 중립적이며, 해결책에 집중하는 태도를 유지한다. 비언어적 의사소통에도 유의해야 하고, 당신의 목소리와 보디랭귀지가 당신의 말과 일치하게 만든다. 자세를 바로 하고, 시선을 맞추고, 당당하면서도 편안한 목소리로 말한다.

복잡한 인간관계를 풀어주는 생각 정리 솔루션
생각 중독자를 위한 관계 수업

1판 1쇄 발행 2025년 7월 9일
1판 2쇄 발행 2025년 10월 17일

지은이 닉 트렌턴
옮긴이 신솔잎
펴낸이 고병욱

펴낸곳 청림출판(주)
등록 제2023-000081호

본사 04799 서울시 성동구 아차산로17길 49 1010호 청림출판(주)
제2사옥 10881 경기도 파주시 회동길 173 청림아트스페이스
전화 02-546-4341 **팩스** 02-546-8053

홈페이지 www.chungrim.com **이메일** life@chungrim.com
인스타그램 @chungrimbooks **블로그** blog.naver.com/chungrimpub
페이스북 www.facebook.com/chungrimpub

ISBN 978-89-352-1476-1 03190

※ 이 책은 저작권법에 따라 보호를 받는 저작물이므로 무단 전재와 무단 복제를 금합니다.
※ 책값은 뒤표지에 있습니다. 잘못된 책은 구입하신 서점에서 바꾸어 드립니다.
※ 청림출판은 청림출판(주)의 경제경영 브랜드입니다.